Andreas Weissenberger / Binjamin Zwi

Abenteuer über den Bücherrand hinaus:

Geschichten für junge Abenteurer

Kinderbuch

AF282218

Andreas Weissenberger / Binjamin Zwi

Abenteuer über den Bücherrand hinaus:

Geschichten für junge Abenteurer

Kinderbuch

Bibliografische Information der Deutschen Nationalbibliothek:
Die Deutsche Nationalbibliothek verzeichnet diese Publikation in der
Deutschen Nationalbibliografie; detaillierte bibliografische Daten sind im
Internet über http://dnb.dnb.deabrufbar.

Fotos: Canva Dream Lab

Buchumschlag Haupt: brightrhythmstudio

Buchumschlag Nach: Andreas Weissenberger

Verlag: BoD · Books on Demand GmbH, In de Tarpen 42, 22848 Norderstedt,
bod@bod.de

Druck: Libri Plureos GmbH, Friedensallee 273, 22763 Hamburg

ISBN: 978-3-7597-6143-9

Inhalt

DIE ABENTEUER DER KLEINEN WOLKE

Es war einmal eine kleine, flauschige Wolke namens Wölkchen. Wölkchen lebte hoch oben am blauen Himmel und träumte davon, die Welt unter ihr zu erkunden. Jeden Tag sah sie die bunten Blumen, die glitzernden Seen und die fröhlichen Tiere auf der Erde und fragte sich, wie es wohl wäre, dort zu sein.

Eines Morgens beschloss Wölkchen, dass es an der Zeit war, ein Abenteuer zu erleben. „Ich will die Erde besuchen!", rief sie voller Aufregung. Mit einem kräftigen Windstoß schwebte sie hinunter in das weite Land.

Als Wölkchen landete, fand sie sich in einem wunderschönen Garten voller bunter Blumen wieder. „Hallo!", rief eine fröhliche Biene, die umherflog. „Bist du neu hier?"

„Ja! Ich bin Wölkchen und ich möchte die Erde erkunden!", antwortete sie begeistert.

„Komm mit mir! Ich zeige dir alles!", summte die Biene und führte Wölkchen zu einem großen, glitzernden Teich. Dort sprangen fröhliche Frösche von Lilie zu Lilie und quakten ein lustiges Lied.

Wölkchen lachte und fühlte sich so leicht wie eine Feder. Doch plötzlich bemerkte sie, dass der Himmel über dem Teich dunkler wurde. „Oh nein! Es sieht aus, als würde es gleich regnen!", rief die Biene besorgt.

„Das bin ich!", sagte Wölkchen stolz. „Ich kann Regen machen!" Sie hatte gelernt, dass Wolken Regenwolken werden konnten, wenn sie genug Wasser gesammelt hatten.

„Aber wir müssen aufpassen! Die Frösche sind noch nicht bereit für den Regen!", rief die Biene.

Wölkchen überlegte kurz und hatte eine Idee. „Ich werde nur ein wenig Nieselregen machen! So können die Frösche spielen und gleichzeitig wird alles schön erfrischt."

Mit einem sanften Schütteln ließ Wölkchen einen feinen Nieselregen fallen. Die Frösche hüpften vor Freude und sangen noch lauter: „Quak, quak! Das ist toll!"

Nach einer Weile hörte der Nieselregen auf und die Sonne kam wieder zum Vorschein. Die Blumen blühten noch schöner als zuvor und der Teich funkelte im Sonnenlicht.

„Danke, Wölkchen! Du bist die beste Wolke aller Zeiten!", riefen die Frösche begeistert.

Wölkchen fühlte sich glücklich und stolz. Sie hatte nicht nur ein Abenteuer erlebt, sondern auch etwas Gutes getan. Doch bald merkte sie, dass es Zeit war zurück nach Hause zu fliegen.

„Ich muss jetzt gehen", sagte sie traurig zur Biene und den Fröschen. „Aber ich werde euch nie vergessen."

„Komm bald wieder!", riefen alle zusammen.

Mit einem letzten Blick auf den schönen Garten schwebte Wölkchen zurück in den Himmel. Von nun an wusste sie: Abenteuer waren aufregend, aber das Beste daran war, neue Freunde zu finden und ihnen Freude zu bringen.

Und so lebte Wölkchen glücklich weiter am Himmel – immer bereit für das nächste große Abenteuer!

Ende

Die kleine Wolke und ihre Freunde

DIE MAGISCHEN SOCKEN

Ein geheimnisvoller Fund

Es war einmal ein neugieriger Junge namens Max. Eines Tages, während er auf dem Dachboden seines Großvaters stöberte, entdeckte er eine alte Kiste. Neugierig öffnete er sie und fand darin ein Paar bunte Socken. Sie waren rot mit blauen Streifen und schimmerten geheimnisvoll im Licht.

„Was für seltsame Socken!", dachte Max und zog sie an. Plötzlich spürte er ein leichtes Kribbeln in seinen Füßen. „Das ist ja komisch!", murmelte er.

Das erste Abenteuer – In die Steinzeit

Kaum hatte Max die Socken angezogen, begann sich alles um ihn herum zu drehen. Als sich der Wirbelwind legte, fand er sich in einer ganz anderen Welt wieder – in der Steinzeit! Überall um ihn herum waren große Mammuts und Menschen – bekleidet mit Tierfellen.

„Wow! Wo bin ich?", rief Max erstaunt. Ein kleiner Höhlenjunge kam auf ihn zu und schaute ihn neugierig an. „Du bist nicht von hier, oder?"

„Nein! Ich bin Max!", antwortete er. Der Höhlenjunge stellte sich als Grar vor und lud Max ein, mit ihm zu spielen.

Ein Wettlauf mit dem Mammut

Grar hatte eine großartige Idee: „Lass uns ein Rennen gegen das Mammut machen!" Max war begeistert und stimmte sofort zu.

Gemeinsam rannten sie los, während das riesige Mammut hinter ihnen her trottete.

Max fühlte sich schnell wie der Wind in seinen magischen Socken. Er lachte und rief: „Wir können es schaffen!" Doch das Mammut war stark und schnell. Es schien, als würden sie verlieren!

Die cleveren Ideen

Gerade als das Mammut näher kam, hatte Max eine Idee. „Grar, lass uns um den großen Baum dort drüben laufen! Vielleicht können wir das Mammut überlisten!" Grar nickte eifrig.

Sie rannten so schnell sie konnten um den Baum, während das Mammut versuchte, ihnen zu folgen. Schließlich schafften sie es, sich hinter dem Baum zu verstecken.

„Das war knapp!", keuchte Max und beide Jungen lachten laut.

Zurück ins Hier und Jetzt

Plötzlich spürte Max wieder das Kribbeln in seinen Füßen. „Oh nein! Ich muss zurück nach Hause!", rief er und winkte Grar zum Abschied. Im nächsten Moment drehte sich alles wieder um ihn herum, und schon war er zurück auf dem Dachboden seines Großvaters.

Er konnte kaum glauben, was gerade passiert war!

Ein neues Abenteuer – Im alten Ägypten

Neugierig zog Max die magischen Socken erneut an. Wieder spürte er das Kribbeln, und bevor er es wusste, fand er sich im alten Ägypten wieder! Riesige Pyramiden ragten in den Himmel, und überall liefen Menschen mit langen Gewändern herum.

„Wo bin ich jetzt?", fragte Max verwirrt.

Ein freundlicher Junge namens Amir kam auf ihn zu. „Willkommen im alten Ägypten! Möchtest du mir helfen, einen Pharao zu finden?"

Auf der Suche nach dem Pharao

Max nickte begeistert. Gemeinsam machten sie sich auf den Weg zur großen Pyramide. Unterwegs erzählte Amir von den vielen Schätzen des Pharaos und von den Geheimnissen der Pyramiden.

Als sie schließlich ankamen, sahen sie die Wachen vor dem Eingang stehen. „Wie kommen wir hinein?", fragte Max besorgt.

Amir überlegte kurz und sagte dann: „Wir müssen uns etwas einfallen lassen."

Der Plan

Max hatte eine Idee: „Was wäre, wenn wir uns als Händler verkleiden?" Sie fanden einige alte Tücher und banden sie um ihre Körper. Dann gingen sie mutig auf die Wachen zu.

„Halt! Was wollt ihr hier?", fragte einer der Wachen misstrauisch.

„Wir bringen Geschenke für den Pharao!", sagte Amir mit fester Stimme.

Die Wachen schauten sich an und ließen die beiden schließlich passieren.

Der Pharao

Im Inneren der Pyramide trafen sie tatsächlich auf den Pharao! Er saß auf einem goldenen Thron und trug einen prächtigen Kopfschmuck. „Was bringt ihr mir?", fragte er neugierig.

Max zeigte ihm einige bunte Steine aus seiner Tasche – kleine Schätze aus seiner eigenen Zeit. Der Pharao lächelte erfreut über die Geschenke und bedankte sich bei ihnen für ihren Mut.

Heimkehr mit neuen Freunden

Nach einem aufregenden Gespräch verabschiedeten sich Max und Amir vom Pharao. Wieder spürte Max das Kribbeln in seinen Füßen – es war Zeit zurückzukehren.

„Komm mich wieder besuchen!", rief Amir ihm noch nach, als alles um ihn herum verschwamm.

Wieder landete Max auf dem Dachboden seines Großvaters – aber diesmal mit einem Herzen voller Erinnerungen an seine Abenteuer in der Steinzeit und im alten Ägypten.

Von nun an wusste Max, dass die magischen Socken ihn immer wieder an neue Orte bringen würden – wo auch immer seine Fantasie ihn hinführen wollte!

Und so lebte Max glücklich weiter mit seinen magischen Socken – bereit für viele weitere Abenteuer!

Ende

Die magischen Socken

DIE GEHEIMEN WÜNSCHE DER STERNE

Ein funkelnder Abend

Es war einmal ein kleiner Junge namens Leo, der in einem kleinen Dorf lebte. Jeden Abend, wenn die Sonne unterging und der Himmel sich mit funkelnden Sternen füllte, setzte sich Leo auf sein Fensterbrett und schaute nach oben. Er liebte es, die Sterne zu beobachten und sich Geschichten über sie auszudenken.

Eines Nachts bemerkte Leo etwas Seltsames. Die Sterne schienen zu flüstern! „Hörst du das?", fragte er seinen besten Freund Max, der gerade zu Besuch war.

„Was meinst du?", antwortete Max verwirrt.

„Die Sterne! Sie flüstern ihre geheimen Wünsche!", rief Leo aufgeregt.

Der erste Wunsch – Ein Freund für den einsamen Stern

In dieser Nacht hörten die beiden Jungen einen besonders leisen Wunsch eines kleinen Sterns: „Ich wünsche mir einen Freund, denn ich bin so allein."

Leo schaute Max an. „Wir müssen diesem Stern helfen!"

„Wie können wir das tun?", fragte Max neugierig.

„Vielleicht können wir einen anderen Stern finden, der ihm Gesellschaft leisten kann!", schlug Leo vor.

Auf zur Sternenreise

Die beiden Freunde schlossen die Augen und wünschten sich, zum kleinen Stern zu reisen. Plötzlich fühlten sie sich leicht wie

Federn und wurden in den Himmel gehoben. Als sie ihre Augen öffneten, standen sie direkt neben dem kleinen Stern.

„Hallo!", rief Leo fröhlich. „Wir haben deinen Wunsch gehört!"

Der kleine Stern strahlte vor Freude. „Wirklich? Ihr wollt mir helfen?"

Die Suche nach einem Freund

„Ja! Wir werden einen Freund für dich finden!", versprach Max. Gemeinsam begaben sie sich auf eine Reise durch den Himmel und suchten nach einem weiteren kleinen Stern.

Nach einer Weile entdeckten sie einen anderen kleinen Stern, der traurig in einer Ecke des Himmels schimmerte. „Warum bist du so traurig?", fragte Leo.

„Ich habe keinen Freund zum Spielen", seufzte der andere Stern.

Die Freude des Teilens

Leo und Max hatten eine Idee. „Komm mit uns! Wir bringen dich zu unserem neuen Freund!" Sie führten den neuen Stern zu dem einsamen kleinen Stern.

Als die beiden Sterne sich sahen, leuchteten sie heller als je zuvor. „Danke, dass ihr uns zusammengebracht habt!", rief der einsame Stern glücklich aus.

Leo und Max fühlten sich warm im Herzen. Sie hatten nicht nur den Wunsch des kleinen Sterns erfüllt, sondern auch gelernt, wie wichtig es ist, Freunde zu teilen.

Der zweite Wunsch – Ein Regenbogen für die Erde

In der nächsten Nacht hörten Leo und Max wieder das Flüstern der Sterne. Diesmal wünschte sich ein großer, strahlender Stern: „Ich wünsche mir einen Regenbogen für die Erde, damit alle Kinder lächeln können."

„Das klingt wunderbar! Lass uns helfen!", rief Leo begeistert.

Auf zur Regenbogen-Mission

Wieder schlossen die beiden Freunde die Augen und wünschten sich, dem großen Stern zu helfen. Plötzlich fanden sie sich in einer bunten Welt voller Farben wieder – es war ein Ort voller Blumen und fröhlicher Tiere!

„Wie können wir einen Regenbogen machen?", fragte Max verwirrt.

Ein freundlicher Schmetterling kam vorbei und sagte: „Ihr müsst die Farben des Sonnenlichts sammeln!"

Die Farben sammeln

Leo und Max machten sich auf den Weg durch das bunte Land. Sie sammelten rote Blütenblätter von den Rosen, orangefarbene Früchte von den Bäumen, gelbe Sonnenstrahlen von den Blumen und viele andere Farben bis hin zu lila Lavendel.

Mit jeder Farbe wurde ihr Korb voller und schwerer – aber auch ihre Herzen wurden leichter!

Der magische Regenbogen

Als sie alle Farben gesammelt hatten, kehrten sie zum großen Stern zurück. Gemeinsam hielten sie die Farben hoch in den Himmel. Der große Stern begann zu funkeln und mit einem kräftigen Lichtstrahl malte er einen wunderschönen Regenbogen über die Erde!

Die Kinder auf der Erde schauten nach oben und lächelten voller Freude über das bunte Schauspiel am Himmel.

Dankbarkeit zeigen

„Danke euch beiden! Ihr habt meinen Wunsch erfüllt!", rief der große Stern glücklich aus. Auch Leo und Max waren stolz darauf, dass sie etwas Gutes getan hatten.

Sie lernten in dieser Nacht, wie wichtig es ist, anderen Freude zu bringen und dankbar für all die schönen Dinge um uns herum zu sein.

Der dritte Wunsch – Ein Zuhause für die verlorenen Vögel

In der folgenden Nacht hörten Leo und Max erneut das Flüstern der Sterne. Diesmal wünschte sich ein kleiner Vogelstern: „Ich wünsche mir ein Zuhause für all die verlorenen Vögel."

„Das ist traurig! Lass uns helfen!", sagte Leo sofort.

Auf zur Vogelrettung

Wieder schlossen sie ihre Augen und fanden sich in einem wunderschönen Wald voller Vögel wieder – aber viele von ihnen sahen verloren aus.

„Wo sind eure Nester?", fragte Max besorgt.

Ein kleiner Vogel antwortete: „Wir haben unsere Nester während des Sturms verloren."

Nester bauen

Leo hatte eine Idee. „Lasst uns neue Nester bauen!" Gemeinsam mit den Vögeln sammelten sie Zweige, Blätter und weiche Federn aus dem Wald.

Sie arbeiteten hart zusammen – einige Vögel flogen hoch in die Bäume, um Platz für neue Nester zu finden; andere halfen beim Sammeln von Materialien am Boden.

Ein neues Zuhause schaffen

Nach einer Weile waren alle Nester fertiggestellt – bunt geschmückt mit Blumen und Blättern. Die Vögel sangen vor Freude!

„Danke euch allen! Ihr habt unseren Wunsch erfüllt!" rief der kleine Vogelstern glücklich aus.

Leo und Max fühlten sich wieder warm im Herzen; sie hatten nicht nur geholfen, sondern auch gelernt, wie wichtig es ist, anderen ein Zuhause zu geben.

Rückkehr ins Dorf

Nachdem sie all diese Abenteuer erlebt hatten, kehrten Leo und Max schließlich zurück in ihr Zimmer unter dem funkelnden Himmel.

Sie wussten nun um die geheimen Wünsche der Sterne – Wünsche nach Freundschaft, Freude und einem Zuhause für alle Lebewesen auf dieser Welt.

Von nun an würden sie immer darauf achten, freundlich zueinander zu sein und ihre eigenen Wünsche mit anderen zu teilen – denn jeder kleine Wunsch kann Großes bewirken!

Und so schliefen Leo und Max friedlich unter dem strahlenden Licht der Sterne ein – bereit für weitere Abenteuer in ihren Träumen!

Ende

Die geheimen Wünsche der Sterne

DER ZAUBERGARTEN DER FARBEN

Ein geheimnisvoller Garten

In einem kleinen Dorf, umgeben von hohen Bergen und glitzernden Bächen, lebte ein neugieriges Mädchen namens Mia. Eines Tages hörte sie von einem geheimnisvollen Ort – dem Zaubergarten der Farben. Es hieß, dass dieser Garten voller magischer Pflanzen war, die verschiedene Farben repräsentierten und jedem Kind ein besonderes Abenteuer schenken konnten.

„Ich muss diesen Garten finden!", rief Mia begeistert und machte sich auf den Weg.

Der Eingang zum Garten

Nach einer langen Wanderung durch den Wald entdeckte Mia schließlich einen schmalen Pfad, der zu einem großen Tor führte. Das Tor war mit bunten Blumen und funkelnden Lichtern geschmückt. Als sie es öffnete, wurde sie von einem Meer aus Farben begrüßt!

„Wow!", staunte Mia. „Das ist ja wunderschön!"

Die erste Farbe – Rot für Mut

Mia sah eine leuchtend rote Blume in der Mitte des Gartens. Sie erinnerte sich daran, dass Rot für Mut stand. Neugierig pflückte sie die Blume und plötzlich fühlte sie sich ganz anders. Ein sanfter Wind umhüllte sie, und im nächsten Moment fand sie sich in einem dichten Dschungel wieder!

„Wo bin ich?", fragte Mia verwirrt.

Der mutige Löwe

Plötzlich hörte sie ein lautes Brüllen. Ein großer Löwe kam auf sie zu. Er sah traurig aus. „Ich habe meinen Mut verloren!", seufzte er.

Mia erinnerte sich an die rote Blume in ihrer Hand. „Du bist stark und mutig! Du musst nur an dich glauben!"

Der Löwe schaute Mia an und nickte langsam. „Du hast recht! Ich kann das schaffen!" Mit neuem Mut brüllte er laut und stolz.

Freundschaft im Dschungel

Dank Mias Worten fühlte sich der Löwe wieder stark. „Danke, kleine Freundin! Lass uns Freunde sein!", rief er fröhlich.

Gemeinsam erkundeten sie den Dschungel, spielten Verstecken zwischen den Bäumen und halfen anderen Tieren, die ebenfalls ihren Mut verloren hatten.

Zurück in den Garten

Als das Abenteuer vorbei war, spürte Mia erneut das Kribbeln in ihren Füßen. Plötzlich fand sie sich wieder im Zaubergarten – die rote Blume immer noch in ihrer Hand.

„Das war aufregend!", rief Mia glücklich.

Die zweite Farbe – Blau für Ruhe

Neugierig wanderte Mia weiter und entdeckte eine wunderschöne blaue Blume am Rand eines ruhigen Teiches. Sie wusste sofort, dass Blau für Ruhe stand. Sie pflückte die Blume und fühlte sich wieder leicht wie eine Feder.

Im nächsten Moment befand sie sich an einem friedlichen Strand mit sanften Wellen, die gegen den Sand schlugen.

Die schüchterne Schildkröte

Am Strand sah Mia eine kleine Schildkröte, die zögerlich am Wasser stand. „Warum gehst du nicht ins Wasser?", fragte Mia freundlich.

„Ich habe Angst vor den Wellen", antwortete die Schildkröte schüchtern.

Mia hielt die blaue Blume hoch. „Schau mal! Wenn du ruhig bleibst und an dich glaubst, kannst du es schaffen."

Der Sprung ins Wasser

Die Schildkröte atmete tief ein und wagte sich langsam ins Wasser. Mit Mias Unterstützung schwamm sie schließlich fröhlich durch die Wellen!

„Danke, Mia! Du hast mir geholfen, meine Angst zu überwinden!" rief die Schildkröte glücklich.

Zurück zum Zaubergarten

Wieder spürte Mia das Kribbeln in ihren Füßen und fand sich zurück im Zaubergarten mit der blauen Blume in der Hand.

„Was für ein schöner Tag!" lächelte sie.

Die dritte Farbe – Gelb für Freude

Mia setzte ihren Weg fort und entdeckte eine strahlend gelbe Blume voller Sonnenstrahlen. Sie wusste sofort, dass Gelb für Freude stand. Als sie die Blume pflückte, wurde alles um sie herum hell erleuchtet!

Im nächsten Moment befand sie sich auf einem bunten Jahrmarkt voller fröhlicher Musik und lachender Kinder.

Der traurige Clown

Doch als Mia umherschaute, bemerkte sie einen Clown mit einem traurigen Gesichtsausdruck. „Warum bist du so traurig?", fragte Mia besorgt.

„Ich kann niemanden zum Lachen bringen", seufzte der Clown.

Mia hielt ihm die gelbe Blume hin. „Hier! Diese Blume steht für Freude! Lass uns zusammen lachen!"

Sie begann zu tanzen und zu singen – bald darauf lachten alle Kinder mit ihr!

Ein fröhliches Fest

Der Clown konnte nicht anders als mitzulachen. „Danke dir! Jetzt fühle ich mich viel besser!", rief er fröhlich aus.

Gemeinsam veranstalteten sie ein großes Fest mit Spielen, Musik und vielen bunten Ballons – alle hatten Spaß!

Rückkehr ins Hier und Jetzt

Als das Fest zu Ende ging, spürte Mia erneut das Kribbeln in ihren Füßen und fand sich zurück im Zaubergarten mit der gelben Blume in der Hand.

„Was für ein wunderbarer Tag voller Abenteuer!", dachte Mia glücklich nach.

Der Abschied vom Zaubergarten

Mia schaute sich um und bemerkte all die wunderschönen Blumen des Gartens – jede hatte ihre eigene Bedeutung und jedes Kind konnte seine eigenen Abenteuer erleben.

Mit einem letzten Blick auf den Zaubergarten wusste Mia, dass diese magischen Pflanzen immer da sein würden – bereit für neue Entdeckungen bei jedem neuen Besuch!

Und so verließ Mia den Garten mit einem Herzen voller Freude, Mut und Ruhe – bereit für all die Abenteuer des Lebens!

Ende

Der Zaubergarten der Farben

FREUNDE AUS DEM MÄRCHENWALD

Der Märchenwald

In einem zauberhaften Wald, der voller bunter Blumen und hoher, schattiger Bäume war, lebten viele Tiere. Es war ein ganz besonderer Ort, denn hier gab es nicht nur gewöhnliche Tiere, sondern auch sprechende Tiere mit besonderen Fähigkeiten. Die besten Freunde waren Leo der Löwe, Bella die Eule, Max der Hase und Trixi die Maus.

Eines Morgens versammelten sich alle Freunde am großen alten Baum in der Mitte des Waldes. „Was für ein schöner Tag!", rief Leo fröhlich. „Lasst uns heute ein Abenteuer erleben!"

Das verschwundene Glitzerding

Plötzlich kam Bella aufgeregte angeflogen. „Helft mir! Mein Glitzerding ist verschwunden! Es ist ein ganz besonderer Stein, der im Mondlicht funkelt!"

„Das klingt wichtig! Lass uns helfen!", sagte Max entschlossen.

„Wo hast du es zuletzt gesehen?", fragte Trixi neugierig.

„Ich habe es in meinem Nest gelassen, aber als ich zurückkam, war es weg!", erklärte Bella traurig.

Die Suche beginnt

Die Freunde beschlossen sofort, nach dem Glitzerding zu suchen. Sie teilten sich in Gruppen auf: Leo und Max gingen in den dichten Teil des Waldes, während Bella und Trixi in die Nähe des Teiches schauten.

„Wir müssen kreativ sein! Vielleicht hat jemand das Glitzerding gesehen", schlug Leo vor.

Im dichten Wald

Leo und Max durchstreiften den dichten Wald und fragten die anderen Tiere. Zuerst trafen sie auf einen alten Fuchs. „Habt ihr etwas Funkelndes gesehen?", fragte Leo.

Der Fuchs überlegte kurz und sagte dann: „Ich habe nichts gesehen, aber ich habe gehört, dass die Elfen am Teich spielen. Vielleicht wissen sie mehr."

„Danke!" riefen Leo und Max im Chor und machten sich schnell auf den Weg zum Teich.

Am Teich

Bella und Trixi hatten ebenfalls einige Tiere befragt. Als sie die Elfen erreichten, tanzten diese fröhlich um den Teich herum.

„Entschuldigt bitte! Wir suchen nach Bellas Glitzerding. Habt ihr es gesehen?", fragte Trixi höflich.

Eine der Elfen lächelte und antwortete: „Ja! Wir haben einen funkelnden Stein gefunden! Er liegt bei dem großen Stein hinter dem Wasserfall."

Der Wasserfall

Sofort machten sich alle Freunde auf den Weg zum Wasserfall. Als sie ankamen, spritzte das Wasser überall hin und es war laut!

„Wie kommen wir da hin?", fragte Max besorgt.

„Wir müssen zusammenarbeiten!", schlug Bella vor. „Vielleicht können wir eine Brücke aus Ästen bauen."

Teamarbeit

Die Freunde sammelten Äste und Blätter und arbeiteten gemeinsam an ihrer Brücke. Leo trug die schwereren Äste, während Max die kleineren sammelte. Bella gab Anweisungen von oben herab, während Trixi mit ihren kleinen Pfoten half, alles zusammenzuhalten.

Nach einer Weile hatten sie eine stabile Brücke gebaut!

Über die Brücke

Vorsichtig gingen sie über die Brücke zur anderen Seite des Wasserfalls. Als sie dort ankamen, sahen sie den großen Stein – und darauf lag Bellas Glitzerding!

„Da ist es!", rief Bella glücklich aus.

Doch als sie näher kamen, bemerkten sie etwas Seltsames – ein kleiner Drache hatte sich auf den Stein gelegt!

Der kleine Drache

Der Drache sah traurig aus. „Ich wollte nur etwas Funkelndes finden! Ich habe deinen Stein genommen, weil er so schön leuchtet."

Bella schaute ihn freundlich an. „Es ist in Ordnung! Du kannst ihn haben – aber vielleicht können wir ihn teilen?"

Der Drache schaute überrascht auf. „Teilen? Was bedeutet das?"

Teilen lernen

Trixi erklärte: „Teilen bedeutet, dass wir etwas gemeinsam nutzen können. Du kannst den Stein behalten, wenn du uns dafür zeigst, wie du fliegen kannst."

Der Drache lächelte breit. „Das klingt fair!" Er nahm das Glitzerding vorsichtig in seine kleinen Klauen und begann zu fliegen.

Ein Flug über den Wald

Alle Freunde schauten fasziniert zu, wie der Drache durch die Luft flog – er machte Loopings und drehte sich elegant im Himmel!

„Wow! Das sieht toll aus!", rief Max begeistert.

Nach einer Weile landete der Drache sanft wieder bei ihnen. „Danke fürs Teilen! Ich werde euch immer besuchen kommen!", versprach er fröhlich.

Zurück zum großen Baum

Mit dem Glitzerding in Bellas Besitz kehrten alle Freunde glücklich zum großen Baum zurück. Sie erzählten von ihrem Abenteuer mit dem Drachen und wie wichtig es war zu teilen.

„Wir haben nicht nur dein Glitzerding gefunden", sagte Leo lächelnd zu Bella, „sondern auch einen neuen Freund gewonnen."

Ein neues Abenteuer planen

Am nächsten Tag saßen die Freunde wieder unter dem großen Baum und planten ihr nächstes Abenteuer.

„Was werden wir heute tun?", fragte Trixi neugierig.

Max überlegte kurz und sagte dann: „Lasst uns einen Wettkampf im Laufen veranstalten!"

Alle waren begeistert von der Idee!

Der Wettlauf beginnt

Sie entschieden sich für einen Wettlauf rund um den Märchenwald. Jeder wählte seine eigene Strecke – Leo lief schnell wie der Wind; Bella flog hoch über die Bäume; Max hüpfte flink über Wurzeln; Trixi raste mit ihren kleinen Beinen so schnell sie konnte!

Während des Rennens halfen sie einander immer wieder – wenn jemand stolperte oder fiel, halfen die anderen sofort auf!

Gemeinsam gewinnen

Am Ende des Rennens waren alle gleichauf – niemand wusste genau, wer gewonnen hatte!

„Das war das beste Rennen aller Zeiten!", rief Max lachend aus.

Und so lernten die Freunde nicht nur viel über Teamarbeit und Kreativität bei ihren Abenteuern im Märchenwald – sondern auch darüber, dass wahre Freundschaft bedeutet, gemeinsam Spaß zu haben!

Von diesem Tag an erlebten Leo, Bella, Max und Trixi viele weitere Abenteuer im Märchenwald – immer bereit zu helfen und zusammenzuarbeiten!

Ende

Freunde aus dem Märchenwald

DIE REISE DES KLEINEN SCHMETTERLINGS

Der kleine Schmetterling

Es war einmal ein kleiner, bunter Schmetterling namens Lila. Sie lebte in einem wunderschönen Garten voller Blumen und Sonnenstrahlen. Eines Tages, während sie auf einer leuchtend roten Blume saß, schaute sie in den Himmel und dachte: „Ich möchte die Welt außerhalb dieses Gartens erkunden!"

„Das klingt aufregend!", rief ihre beste Freundin, die Biene Bella. „Aber sei vorsichtig! Die Welt kann manchmal herausfordernd sein."

„Keine Sorge, Bella! Ich bin bereit für das Abenteuer meines Lebens!", antwortete Lila mutig.

Aufbruch ins Unbekannte

Am nächsten Morgen breitete Lila ihre bunten Flügel aus und flog los. Der Wind spielte mit ihren Flügeln, und sie fühlte sich frei wie nie zuvor. Während sie über den Garten hinwegflog, sah sie viele schöne Dinge – schimmernde Seen, hohe Bäume und weite Wiesen.

Bald erreichte sie einen großen Wald. „Wow! Das sieht spannend aus!", dachte Lila und landete auf einem Blatt.

Die weise alte Ameise

Im Wald traf Lila eine alte Ameise namens Anton. Er trug einen schweren Krümel auf seinem Rücken und sah sehr beschäftigt aus.

„Hallo, kleine Schmetterlingsfreundin! Was führt dich hierher?", fragte Anton freundlich.

„Ich möchte die Welt erkunden und neue Freunde finden!", antwortete Lila fröhlich.

Anton lächelte. „Das ist wunderbar! Aber vergiss nicht, dass Veränderung wichtig ist. Ich habe mein ganzes Leben lang gearbeitet und gelernt, dass harte Arbeit zu großartigen Ergebnissen führt."

Lektion über Veränderung

Lila schaute Anton an und dachte nach. „Veränderung? Was meinst du damit?"

„Nun", erklärte Anton, „ich habe mich von einer kleinen Larve zu einer starken Ameise entwickelt. Es braucht Zeit und Geduld, aber es lohnt sich immer!"

Lila nickte. „Danke, Anton! Ich werde daran denken!" Und mit einem fröhlichen Flügelschlag verabschiedete sie sich von der Ameise.

Der fröhliche Käfer

Als Lila weiterflog, traf sie einen lustigen Käfer namens Karl. Er rollte einen kleinen Ball aus Erde vor sich her und sang dabei ein fröhliches Lied.

„Hallo! Wer bist du?", fragte Lila neugierig.

„Ich bin Karl der Käfer! Ich liebe es zu singen und Spaß zu haben!", rief er fröhlich.

Lektion über Freude

Lila beobachtete Karl beim Spielen und konnte nicht anders als zu lächeln. „Du scheinst so glücklich zu sein! Wie machst du das?"

Karl hielt inne und sagte: „Es ist wichtig, Freude im Leben zu finden – egal wie klein die Dinge sind! Wenn ich singe oder spiele, fühle ich mich lebendig!"

Lila fühlte sich inspiriert. „Das ist eine tolle Lektion! Danke, Karl!"

Die schüchterne Spinne

Nach dem fröhlichen Treffen mit Karl flog Lila weiter und entdeckte eine schüchterne Spinne namens Susi, die in ihrem Netz saß.

„Hallo Susi! Warum bist du so still?", fragte Lila sanft.

Susi schaute auf und antwortete leise: „Ich bin einfach nicht sicher, ob ich gut genug bin!"

Lektion über Selbstvertrauen

Lila setzte sich neben Susi. „Jeder hat seine eigenen Talente! Du bist eine großartige Weberin – dein Netz ist wunderschön!"

Susi lächelte schüchtern. „Danke, Lila. Manchmal vergesse ich das."

„Glaube an dich selbst! Du kannst alles erreichen!", ermutigte Lila die Spinne.

Der mutige Grashüpfer

Als Lila weiterflog, hörte sie ein lautes Quaken. Neugierig folgte sie dem Geräusch und fand einen mutigen Grashüpfer namens Gregor, der hoch in die Luft sprang!

„Wow! Du springst wirklich hoch!", rief Lila bewundernd.

Gregor grinste stolz. „Ja! Aber es hat lange gedauert, bis ich gelernt habe zu springen ohne Angst zu haben."

Lektion über Mut

„Wie hast du deinen Mut gefunden?", fragte Lila interessiert.

Gregor antwortete: „Ich habe oft geübt und nie aufgegeben – auch wenn ich gefallen bin."

Lila nickte verstehend. „Mut bedeutet nicht keine Angst zu haben; es bedeutet trotzdem weiterzumachen."

Rückkehr zum Garten

Nachdem sie so viele wertvolle Lektionen gelernt hatte, beschloss Lila zurückzukehren in ihren geliebten Garten. Sie fühlte sich verändert – stärker und klüger als je zuvor!

Als sie ankam, warteten Bella und die anderen Tiere bereits auf sie.

„Wie war deine Reise?", fragte Bella neugierig.

Geschichten erzählen

Lila erzählte von all den Freunden, die sie getroffen hatte – von Anton der Ameise bis hin zu Gregor dem Grashüpfer – und den wichtigen Lektionen über Veränderung, Freude, Selbstvertrauen und Mut.

Die Tiere hörten gebannt zu und waren begeistert von Lilas Abenteuern!

Ein neuer Anfang

In diesem Moment wusste Lila genau, dass ihre Reise erst der Anfang war. Sie wollte weiterhin lernen und wachsen – nicht nur für sich selbst sondern auch für ihre Freunde im Garten!

„Lasst uns gemeinsam neue Abenteuer erleben!", rief Lila voller Begeisterung.

Gemeinsam stark sein

Von diesem Tag an erkundeten alle Tiere des Gartens zusammen die Welt um sich herum – jeder brachte seine eigenen Talente ein; jeder half dem anderen bei Herausforderungen; jeder lernte voneinander!

Sie wurden noch engere Freunde durch all die Abenteuer!

Ein glücklicher Schmetterling

Und so lebte der kleine Schmetterling Lila glücklich im Garten voller Farben – bereit für neue Entdeckungen mit ihren Freunden an ihrer Seite!

Sie wusste nun um die Kraft der Veränderung und des Wachstums – denn das Leben ist ein großes Abenteuer voller Möglichkeiten!

Ende

Die Reise des kleinen Schmetterlings

DIE GESCHICHTEN DER ALTEN EICHE

Die alte Eiche

In einem wunderschönen, alten Park stand eine noch ältere, majestätische Eiche. Ihre Äste breiteten sich weit aus und boten Schatten für alle, die darunter saßen. Die Kinder des Dorfes liebten es, um die Eiche zu spielen und ihr zuzuhören, denn sie hatte viele Geschichten zu erzählen.

Eines Tages versammelten sich die Kinder um den dicken Stamm der Eiche. „Erzähle uns eine Geschichte, liebe Eiche!", rief ein kleiner Junge namens Tim.

Die erste Geschichte – Der mutige kleine Vogel

„Gut", begann die alte Eiche mit ihrer tiefen, sanften Stimme. „Ich werde euch von einem kleinen Vogel namens Pip erzählen. Pip war ein kleiner Spatz, der in meinem Geäst lebte. Er träumte davon, eines Tages die höchsten Berge zu sehen."

„Aber er hatte Angst vor dem Fliegen", fügte die Eiche hinzu. „Eines Tages sah er seine Freunde hoch oben in den Bäumen fliegen und lachen. Da beschloss Pip, seinen ganzen Mut zusammenzunehmen."

Der Flug ins Unbekannte

„Mit klopfendem Herzen flatterte Pip los. Zuerst war er nervös und zitterte an seinen Flügeln. Doch je höher er flog, desto mehr Freude verspürte er! Schließlich erreichte er einen hohen Berg und sah die Welt von oben – so schön und weit!"

„Was hat Pip gelernt?", fragte ein Mädchen namens Mia neugierig.

„Er hat gelernt, dass man seine Ängste überwinden muss, um seine Träume zu verwirklichen", antwortete die Eiche weise.

Die zweite Geschichte – Der freundliche Hase

„Jetzt möchte ich euch von einem freundlichen Hasen namens Felix erzählen", fuhr die alte Eiche fort. „Felix lebte in einer kleinen Höhle am Waldrand und war bekannt für seine Hilfsbereitschaft."

„Eines Tages bemerkte Felix, dass ein kleines Rehkitz in einem Dornenbusch gefangen war. Es zitterte vor Angst und konnte nicht entkommen."

Hilfe leisten

„Felix zögerte nicht! Er hoppelte schnell zum Rehkitz und sagte: ‚Keine Sorge! Ich helfe dir!' Mit seinen starken Zähnen knabberte er vorsichtig an den Dornen und befreite das Rehkitz."

„Das Rehkitz war so dankbar! Es sagte: ‚Danke, Felix! Du bist mein Held!'"

Lektion über Freundlichkeit

Die Kinder hörten gebannt zu. „Was hat Felix gelernt?", fragte Tim.

„Er hat gelernt, dass Freundlichkeit und Hilfsbereitschaft wichtig sind", erklärte die Eiche. „Wenn wir anderen helfen, machen wir die Welt ein bisschen besser."

Die dritte Geschichte – Der weise alte Uhu

„Nun möchte ich euch von einem weisen alten Uhu namens Otto erzählen", begann die Eiche erneut. „Otto lebte in einer Höhle hoch oben in meinen Ästen und beobachtete alles um sich herum."

„Eines Nachts kam ein junger Fuchs vorbei und fragte Otto: ‚Warum ist es wichtig, auf unsere Umwelt zu achten?'"

Die Bedeutung der Natur

„Otto antwortete: ‚Die Natur ist unser Zuhause. Wenn wir sie respektieren und schützen, gibt sie uns Nahrung, Wasser und Luft zum Atmen. Wenn wir Müll hinterlassen oder Bäume fällen, schaden wir uns selbst.'"

Die Kinder nickten nachdenklich.

Lektion über Umweltschutz

„Der junge Fuchs verstand nun, wie wichtig es ist, auf unsere Umwelt zu achten", fuhr die Eiche fort. „Er versprach Otto, immer darauf zu achten, keinen Müll im Wald liegenzulassen."

„Das ist eine wichtige Lektion!", rief Mia begeistert.

Die vierte Geschichte – Das verlorene Eichhörnchen

„Jetzt erzähle ich euch von einem kleinen Eichhörnchen namens Ella", sagte die alte Eiche weiter. „Ella war sehr unordentlich und vergaß oft, wo sie ihre Nüsse versteckte."

„Eines Tages hatte sie all ihre Nüsse verloren und wusste nicht mehr wo sie waren!"

Ordnung schaffen

„Ella wurde traurig und beschloss schließlich, Ordnung zu schaffen. Sie begann damit, einen Plan zu machen und ihre Nüsse an verschiedenen Orten im Wald ordentlich zu verstecken."

Die Kinder lachten bei dem Gedanken an das chaotische Eichhörnchen.

Lektion über Organisation

„Am Ende fand Ella nicht nur ihre Nüsse wieder; sie lernte auch eine wichtige Lektion über Organisation", erklärte die Eiche mit einem Lächeln in ihrer Stimme.

Tim fragte neugierig: „Was hat sie gelernt?"

Die alte Eiche antwortete: „Sie hat gelernt, dass es wichtig ist, Dinge ordentlich zu halten – das macht das Leben einfacher!"

Die fünfte Geschichte – Der große Sturm

„Und nun zur letzten Geschichte für heute", sagte die alte Eiche mit ernster Stimme. „Es war einmal ein großer Sturm im Wald. Alle Tiere hatten Angst und suchten Schutz."

„Ich erinnere mich daran! Was geschah dann?", rief Mia aufgeregt.

Zusammenhalt in schwierigen Zeiten

Die alte Eiche erzählte weiter: „Alle Tiere kamen unter meinen schützenden Ästen zusammen – Vögel, Hasen und sogar der schüchterne Fuchs fanden Zuflucht bei mir."

„In dieser schweren Zeit lernten sie etwas Wichtiges – dass Zusammenhalt stark macht!"

Die Kinder hörten aufmerksam zu.

Eine starke Gemeinschaft

Als der Sturm vorbei war, waren alle Tiere dankbar für den Schutz der alten Eiche. Sie feierten gemeinsam das Überstehen des Sturms mit fröhlichem Gesang!

Die alte Eiche lächelte sanft auf die Kinder herab. „Gemeinschaft bedeutet alles; wenn wir zusammenhalten und uns gegenseitig unterstützen können wir jede Herausforderung meistern."

Die Kinder klatschten begeistert in die Hände!

So endeten die Geschichten der alten Eiche für diesen Tag. Aber jeder wusste jetzt um die wichtigen Lektionen über Mut, Freundlichkeit, Umweltschutz sowie Zusammenhalt – Werte, die sie immer im Herzen tragen würden!

Und während sie nach Hause gingen, fühlten sich alle Kinder inspiriert dazu bereit für neue Abenteuer in ihrem eigenen Leben – genau wie Pip der Vogel oder Felix der Hase!

Ende

Die Geschichten der alten Eiche

DIE ZEITREISE-UHR

Die Entdeckung der Uhr

Eines sonnigen Nachmittags spielte ein neugieriger Junge namens Robert im Dachboden seines Großvaters. Zwischen alten Kisten und staubigen Büchern entdeckte er eine geheimnisvolle, alte Uhr. Sie war aus glänzendem Messing und hatte viele kleine Zahnräder, die sich leise drehten.

„Was für eine seltsame Uhr!", murmelte Robert und berührte das Ziffernblatt. Plötzlich begann die Uhr zu leuchten und ein sanftes Summen erfüllte den Raum.

Die erste Reise – In die Steinzeit

Robert blinzelte und fand sich plötzlich in einer ganz anderen Welt wieder. Er stand in einer Höhle, umgeben von großen Felsen und einem Lagerfeuer. Vor ihm saßen einige Menschen in Tierfellen, die mit Steinen arbeiteten.

„Wo bin ich?", fragte Robert verwirrt.

Ein freundlicher Mann mit einem langen Bart kam auf ihn zu. „Willkommen in der Steinzeit! Ich bin Ulf. Was führt dich hierher?"

Das Leben in der Steinzeit

Ulf erklärte Robert, wie die Menschen damals lebten. Sie jagten Tiere, sammelten Beeren und lebten in Höhlen. Robert beobachtete, wie Ulf mit einem Feuerstein Funken schlug, um Feuer zu machen.

„Das ist beeindruckend!", rief Robert begeistert. „Wie macht ihr das?"

Ulf lächelte. „Feuer gibt uns Wärme und Licht. Es ist wichtig für unser Überleben."

Lektion über Zusammenarbeit

Robert half Ulf beim Jagen mit einem Speer aus Holz. Gemeinsam lernten sie, dass Teamarbeit wichtig ist, um erfolgreich zu sein. Nach einem aufregenden Tag verabschiedete sich Robert von Ulf und berührte erneut die Uhr.

Die zweite Reise – Im alten Ägypten

Als das Licht verblasste, fand sich Robert in einer glühend heißen Wüste wieder. Vor ihm erhob sich eine riesige Pyramide, und Menschen trugen schwere Steine.

„Wow! Ich bin im alten Ägypten!", rief Robert erstaunt.

Ein junger Mann namens Amir kam auf ihn zu. „Bist du auch einer der Reisenden? Komm mit mir!"

Robert wusste zwar nicht, was Amir meint, aber folgte ihm.

Die Wunder des alten Ägypten

Amir zeigte Robert die Pyramiden und erklärte, dass sie als Gräber für Pharaonen gebaut wurden. „Wir glauben an das Leben nach dem Tod", sagte Amir ernsthaft.

Robert sah die Hieroglyphen an den Wänden der Pyramide und fragte: „Was bedeuten diese Zeichen?"

„Das sind unsere Schriftzeichen! Sie erzählen Geschichten über unsere Götter und Könige", antwortete Amir stolz.

Lektion über Respekt vor der Geschichte

Robert lernte viel über die Kultur der alten Ägypter und ihre tiefen Überzeugungen. Bevor er ging, sagte Amir: „Es ist wichtig, unsere Geschichte zu respektieren und zu bewahren."

Robert nickte zustimmend und berührte erneut die Uhr.

Die dritte Reise – Im Mittelalter

Plötzlich fand sich Robert auf einem bunten Marktplatz wieder, umgeben von fröhlichen Menschen in mittelalterlichen Kleidern. Ein Ritter ritt auf seinem Pferd vorbei!

„Ich bin im Mittelalter!", rief Robert begeistert.

Eine junge Frau namens Clara kam auf ihn zu. „Möchtest du einen Marktbesuch machen? Wir haben frisches Brot und köstliche Früchte!"

Abenteuer im Mittelalter

Clara führte Robert durch den Markt, wo es viele Stände gab – von Töpfern bis hin zu Bäckern. Sie erzählte ihm von den verschiedenen Berufen im Dorf.

„Jeder hat seine Aufgabe hier", erklärte Clara. „Gemeinsam sorgen wir dafür, dass alle versorgt sind."

Robert half Clara beim Backen von Brot und lernte dabei viel über Gemeinschaftsarbeit.

Lektion über Freundschaft

Bevor er ging, sagte Clara: „Freundschaft ist wichtig! Wenn wir zusammenarbeiten, können wir alles erreichen."

Robert lächelte dankbar und berührte erneut die Uhr.

Die vierte Reise – In die Zukunft

Als das Licht wieder verblasste, fand sich Robert in einer futuristischen Stadt voller fliegender Autos und schimmernder Gebäude wieder!

„Wow! Ich bin in der Zukunft!", staunte er.

Ein Mädchen namens Lila kam auf ihn zu. „Willkommen in der Zukunft! Hier nutzen wir Technologie für alles."

Die Wunder der Zukunft

Lila zeigte Robert ihre Schule mit Robotern als Lehrern und virtuellen Klassenzimmern. „Wir lernen viel über Umweltschutz und Ökologie", erklärte sie stolz.

„Umweltschutz? Was ist das?", fragte Robert neugierig.

Lila antwortete: „Wir kümmern uns um unseren Planeten! Wir verwenden erneuerbare Energien und recyceln alles."

Lektion über Verantwortung für die Erde

Robert war beeindruckt von all den Möglichkeiten der Zukunft und verstand nun, wie wichtig es ist, verantwortungsvoll mit der Erde umzugehen.

Bevor er zurückkehrte, sagte Lila: „Die Zukunft liegt in unseren Händen – wir müssen sie schützen!"

Robert nickte eifrig und berührte erneut die Uhr.

Rückkehr nach Hause

Als das Licht verblasste, fand sich Robert wieder auf dem Dachboden seines Großvaters – aber er fühlte sich verändert. Er hatte so viel gelernt!

Er schaute auf die alte Uhr in seinen Händen und wusste jetzt, dass jede Epoche ihre eigenen Geschichten hatte – Geschichten über Mut, Zusammenarbeit, Freundschaft und Verantwortung für unseren Planeten.

Eine neue Mission

Von diesem Tag an beschloss Robert nicht nur mehr über Geschichte zu lernen sondern auch aktiv etwas für seine Umwelt zu tun – genau wie Lila aus der Zukunft!

Er wusste jetzt, dass jeder Einzelne einen Unterschied machen kann – egal ob in der Vergangenheit oder in der Zukunft!

Und so begann ein neues Abenteuer für Robert – nicht nur durch die Zeitreisen sondern auch durch sein eigenes Leben!

Mit einem Herzen voller Wissen machte sich Robert bereit für all die neuen Herausforderungen des Lebens – immer inspiriert von den Geschichten seiner Zeitreise-Uhr!

Ende

Robert und die Zeitreise-Uhr

DIE MUTIGEN MINI-MONSTER

Die Monster im Kinderzimmer

In einem bunten Kinderzimmer, voller Spielzeug und Kuscheltieren, lebte eine Gruppe kleiner Monster. Sie waren nicht größer als ein Handteller und hatten die lustigsten Farben – grün, lila, blau und pink. Jedes Monster hatte seine eigene besondere Fähigkeit.

Das Anführer-Monster hieß Max. Er war ein mutiger kleiner Kerl mit großen, leuchtenden Augen und einem breiten Grinsen. Neben ihm lebten die schüchterne Lila, die immer einen kleinen Zauberstab bei sich hatte, der funkelte, wenn sie aufgeregt war, und der fröhliche Benny, der mit seinem Lachen jeden zum Schmunzeln brachte.

Ein neuer Tag im Kinderzimmer

Eines Morgens wachten die Mini-Monster auf und bemerkten sofort etwas Ungewöhnliches. „Was ist das für ein Geräusch?", fragte Lila mit zitternder Stimme.

„Das klingt wie ein Abenteuer! Lass uns nachsehen!", rief Max mutig.

Die Monster schlichen vorsichtig aus ihrem Versteck unter dem Bett und schauten sich um. Das Geräusch kam aus der Ecke des Zimmers, wo die Spielzeugkiste stand.

Das Geheimnis der Spielzeugkiste

Als sie näher kamen, sahen sie, dass die Spielzeugkiste leicht wackelte. „Was könnte da drin sein?", fragte Benny neugierig.

„Vielleicht ein neues Spielzeug oder ein anderes Monster!",
spekulierte Max.

Mit einem kräftigen Schubs öffnete Max den Deckel der Kiste.
Plötzlich sprang ein kleiner Teddybär heraus! Er sah ganz
verwirrt aus.

„Hilfe! Ich bin Teddy und ich habe meine Freunde verloren!",
rief der Teddybär verzweifelt.

Die Mission beginnt

„Keine Sorge, Teddy! Wir helfen dir! Wo hast du deine Freunde
zuletzt gesehen?", sagte Lila entschlossen.

„Ich glaube, sie sind im Wohnzimmer! Aber dort gibt es einen
großen Hund!", erklärte Teddy ängstlich.

Max schaute seine Freunde an. „Wir sind mutige Mini-Monster!
Wir können das schaffen!"

Auf zur Rettung

Die kleinen Monster machten sich auf den Weg ins
Wohnzimmer. Als sie durch die Tür schlüpften, sahen sie den
großen Hund namens Bruno auf dem Teppich liegen und
schnarchen.

„Wie sollen wir an ihm vorbeikommen?", flüsterte Benny
nervös.

Lila überlegte kurz und sagte dann: „Ich kann meinen
Zauberstab benutzen! Vielleicht kann ich ihn in einen tiefen
Schlaf versetzen."

Der Zaubertrick

Lila hob ihren Zauberstab und murmelte einige geheimnisvolle Worte. Plötzlich funkelte der Stab hell auf und Bruno schnarchte noch lauter!

„Es hat funktioniert! Jetzt können wir schnell zu den Freunden von Teddy gehen!", rief Max begeistert.

Die Monster huschten leise an Bruno vorbei und suchten nach Teddys Freunden in der Nähe des Sofas.

Die Suche nach den Freunden

Nach einer kurzen Suche entdeckten sie zwei weitere Stofftiere – einen kleinen Hasen namens Hopsi und eine Puppe namens Bella. Sie saßen traurig in einer Ecke des Raumes.

„Teddy hat uns geschickt! Wir sind hier, um euch zu retten!", rief Max fröhlich.

Hopsi sprang vor Freude auf. „Oh danke! Wir dachten schon, wir bleiben für immer hier gefangen!"

Der Rückweg

Jetzt waren alle zusammen – Teddy, Hopsi und Bella – aber wie sollten sie zurück ins Kinderzimmer kommen?

Plötzlich hörten sie ein lautes Knurren. Bruno war wach geworden!

„Schnell! Versteckt euch hinter dem Sofa!", rief Lila panisch.

Die Monster drückten sich eng zusammen mit den anderen Stofftieren hinter dem Sofa und hielten den Atem an.

Ein cleverer Plan

Max überlegte schnell. „Wir müssen ihn ablenken!"

Er hatte eine Idee. „Benny, kannst du deinen besten Witz erzählen?"

Benny grinste breit. „Natürlich!" Er trat hervor und rief laut: „Warum können Geister so schlecht lügen? Weil man durch sie hindurchsehen kann!"

Bruno schaute verwirrt auf Benny und begann zu lachen!

Der große Spaß

Während Bruno lachte, nutzten die Mini-Monster die Gelegenheit und schlichen sich schnell zurück zur Spielzeugkiste.

„Schnell rein!", rief Max. Alle sprangen hinein – Teddy, Hopsi und Bella folgten ihnen schnell nach.

Zurück im Kinderzimmer

Kaum waren sie in der Kiste verschwunden, schloss Max den Deckel fest zu. Sie hörten Bruno noch lachen, während sie sicher im Kinderzimmer waren.

„Wir haben es geschafft!" jubelten die Mini-Monster gemeinsam.

Teddy bedankte sich herzlich bei seinen neuen Freunden. „Ihr seid wirklich mutige Mini-Monster!"

Ein neues Zuhause für Teddy

Max hatte eine Idee. „Warum bleibt ihr nicht einfach hier bei uns? Ihr könnt Teil unserer Monsterfamilie werden!"

Teddy strahlte vor Freude. „Das wäre großartig!"

Hopsi hüpfte begeistert herum und Bella klatschte in die Hände vor Freude.

Ein großes Fest

Um ihre neue Freundschaft zu feiern, organisierten die Mini-Monster ein großes Fest im Kinderzimmer mit vielen Spielen und Leckereien aus dem Kühlschrank (natürlich heimlich!).

Sie tanzten unter dem Licht der Nachtlampe und erzählten Geschichten von ihren Abenteuern.

Eine starke Freundschaft

Von diesem Tag an erlebten Max und seine neuen Freunde viele aufregende Abenteuer im Kinderzimmer – ob beim Versteckspielen unter dem Bett oder beim Erkunden des geheimen Schrankes voller Spielsachen!

Sie lernten dabei viel über Mut, Freundschaft und Teamarbeit – denn zusammen konnten sie alles schaffen!

Die mutigen Mini-Monster

Und so lebten die mutigen Mini-Monster glücklich in ihrem bunten Kinderzimmer voller Abenteuer – bereit für alles, was das Leben ihnen bringen würde!

Jede Nacht schliefen sie zufrieden ein mit einem Lächeln auf den Lippen – denn sie wussten jetzt genau: Gemeinsam sind wir stark!

So endete das Abenteuer eines weiteren Tages für die mutigen Mini-Monster – aber viele weitere spannende Geschichten warteten schon darauf erzählt zu werden!

Ende

Die mutigen Mini-Monster

DIE ABENTEUER DER KLEINEN TASCHENLAMPE

Die kleine Taschenlampe

In einem gemütlichen Kinderzimmer lebte eine kleine, leuchtende Taschenlampe namens Luma. Sie war nicht wie andere Taschenlampen – sie hatte die besondere Fähigkeit, in die Dunkelheit zu leuchten und verborgene Geheimnisse zu enthüllen. Luma war stolz darauf, ein treuer Begleiter für das Kind zu sein, das in diesem Zimmer lebte: ein mutiger Junge namens Leo.

Ein neuer Tag beginnt

Eines Abends, als Leo ins Bett ging, bemerkte er, dass es draußen stürmte. Der Wind heulte und der Regen prasselte gegen das Fenster. Leo fühlte sich unwohl und zog die Decke bis zur Nase hoch.

„Was ist nur los mit mir?", murmelte er. „Ich habe Angst vor dem Sturm!"

Luma, die auf dem Nachttisch stand, hörte Leos besorgte Stimme. „Keine Sorge, Leo! Ich bin hier! Lass uns gemeinsam herausfinden, was wir tun können!"

Die Reise ins Dunkel

Leo schaute auf die kleine Taschenlampe und lächelte. „Du hast recht, Luma! Vielleicht kann ich meine Angst überwinden."

Er nahm Luma in die Hand und drückte den Knopf. Sofort strahlte ein warmes Licht durch das Zimmer und erhellte die dunklen Ecken.

„Wo sollen wir hingehen?", fragte Leo neugierig.

„Lass uns nachsehen, was im Flur ist! Vielleicht gibt es dort etwas Interessantes zu entdecken!", schlug Luma vor.

Der geheimnisvolle Flur

Leo öffnete vorsichtig die Zimmertür und trat in den dunklen Flur. Das Licht von Luma tanzte an den Wänden und enthüllte Bilderrahmen mit Fotos von glücklichen Momenten.

„Schau mal! Das sind Erinnerungen aus der Vergangenheit!", rief Leo begeistert.

Plötzlich hörten sie ein seltsames Geräusch aus dem Wohnzimmer. Es klang wie ein leises Kratzen.

Mutig sein

„Was könnte das sein?", fragte Leo nervös.

„Komm schon! Lass uns nachsehen! Wir sind zusammen!", ermutigte Luma ihn.

Mit klopfendem Herzen schlich Leo vorsichtig zum Wohnzimmer. Als sie näher kamen, sahen sie einen kleinen Kater namens Momo, der versuchte, an einem Wollknäuel zu spielen.

Ein neuer Freund

„Oh Momo! Du hast mich erschreckt!", lachte Leo erleichtert. „Ich dachte schon, es wäre etwas Gruseliges."

Momo schnurrte fröhlich und rollte sich um Leos Beine. „Ich wollte nur spielen! Aber ich habe mich im Dunkeln verlaufen."

Luma leuchtete hell auf und beleuchtete den Raum. „Siehst du, Leo? Manchmal sind unsere Ängste unbegründet."

Ein Abenteuer im Garten

Nachdem sie Momo beruhigt hatten, kam Leo eine Idee. „Lass uns nach draußen gehen! Vielleicht gibt es im Garten noch mehr Geheimnisse zu entdecken!"

„Das klingt spannend! Aber sei vorsichtig – es könnte dunkel sein!", warnte Luma.

Leo nickte entschlossen und öffnete die Tür zum Garten. Der Wind blies sanft durch die Bäume und die Sterne funkelten am Himmel.

Die magische Nacht

Im Garten leuchteten viele Glühwürmchen umher und schienen mit Lumas Licht zu tanzen. „Wow! Es ist wunderschön hier draußen!", rief Leo begeistert.

Plötzlich bemerkten sie etwas Glänzendes unter einem Busch. Neugierig gingen sie näher heran.

Das verborgene Geheimnis

Als sie näher kamen, entdeckten sie eine kleine Schatztruhe aus Holz mit einem rostigen Schloss. „Was könnte darin sein?", fragte Leo aufgeregt.

„Lass uns das Schloss öffnen! Vielleicht finden wir etwas Magisches!", schlug Luma vor.

Leo suchte in seiner Hosentasche nach einem kleinen Schlüsselbund und fand einen passenden Schlüssel für das Schloss!

Der Schatz wird enthüllt

Mit zitternden Händen steckte er den Schlüssel ins Schloss und drehte ihn um. Mit einem leisen Knarren öffnete sich die Truhe!

Darinnen lagen bunte Steine, glitzernde Muscheln und ein handgeschriebenes Buch voller Geschichten über Abenteuer!

„Das ist unglaublich!" rief Leo begeistert. „Wir haben einen Schatz gefunden!"

Geschichten für die Seele

Leo blätterte durch das Buch und las einige Geschichten laut vor – von mutigen Piraten, tapferen Rittern und geheimnisvollen Zauberern. Jedes Mal wenn er las, fühlten sich seine Ängste kleiner an.

„Sieh mal, wie viele Abenteuer es gibt!" sagte Luma fröhlich. „Jede Geschichte zeigt uns etwas Neues über Mut und Freundschaft."

Zurück ins Kinderzimmer

Nach einer Weile beschlossen Leo und Luma, zurück ins Kinderzimmer zu gehen – aber nicht ohne ihren neuen Schatz!

Als sie wieder im Zimmer waren, stellte Leo die Truhe stolz auf seinen Schreibtisch. Er wusste jetzt, dass er immer wieder in diese Geschichten eintauchen konnte, wann immer er wollte.

Eine neue Perspektive

In dieser Nacht schlief Leo tief und fest mit einem Lächeln auf dem Gesicht – denn er hatte gelernt, dass man seine Ängste überwinden kann, wenn man mutig ist und Freunde hat!

Und auch Momo kuschelte sich neben ihm ins Bett – jetzt war alles viel weniger gruselig!

Ein weiteres Abenteuer wartet

Am nächsten Morgen wachte Leo auf und sah Luma auf seinem Nachttisch strahlen. „Bist du bereit für ein neues Abenteuer?", fragte sie fröhlich.

Leo sprang aus dem Bett. „Ja! Lass uns sehen, was wir heute entdecken können!"

Die beiden Freunde wussten nun genau: Egal wie dunkel es manchmal werden konnte – zusammen konnten sie alles schaffen!

Die Kraft des Lichtes

Und so begann ein weiteres aufregendes Abenteuer für die kleine Taschenlampe Luma und ihren besten Freund Leo – voller Mut, Entdeckungen und der Gewissheit, dass Licht selbst in der dunkelsten Nacht immer einen Weg findet!

Die kleinen Leser sollten wissen: Wenn man seine Ängste teilt oder gemeinsam entdeckt – wird alles viel heller!

Ende

Die kleine Taschenlampe Luma

DIE FLIEGENDEN BÜCHER

Die geheimnisvolle Bibliothek

In einer kleinen Stadt gab es eine alte Bibliothek, die von vielen Kindern geliebt wurde. Sie war voller Bücher, die in Regalen standen und darauf warteten, entdeckt zu werden. Doch niemand wusste, dass einige dieser Bücher ein ganz besonderes Geheimnis hatten – sie konnten fliegen und ihre Geschichten erzählen!

Eines Tages betrat ein neugieriges Mädchen namens Mia die Bibliothek. Sie hatte gehört, dass es dort magische Bücher gab und konnte es kaum erwarten, sie zu finden.

Das erste Buch

Mia schlenderte durch die Gänge und bewunderte die bunten Buchcover. Plötzlich fiel ihr Blick auf ein dickes, rotes Buch mit goldenen Verzierungen. Es schimmerte im Licht und schien sie anzulächeln.

„Komm her, Mia!", flüsterte das Buch mit einer sanften Stimme. „Ich bin das Abenteuerbuch! Lass uns gemeinsam in eine andere Welt reisen!"

Mia war überrascht, aber auch aufgeregt. „Wie kann ich das tun?"

Der Flug ins Abenteuer

„Öffne mich und lies laut vor!", antwortete das Buch.

Mia öffnete das Buch und begann zu lesen: „Es war einmal ein mutiger Ritter…" Plötzlich begann das Buch zu leuchten und hüllte Mia in einen strahlenden Lichtschein.

In einem Augenblick fand sich Mia auf einem wunderschönen Schloss wieder, umgeben von bunten Blumen und singenden Vögeln.

Der mutige Ritter

Vor ihr stand der Ritter in glänzender Rüstung. „Willkommen, Mia! Ich bin Sir Cedric. Wir brauchen deine Hilfe! Ein Drache hat unser Königreich bedroht!"

Mia fühlte sich mutig. „Was kann ich tun?"

Sir Cedric erklärte: „Wir müssen den Drachen besiegen, aber zuerst müssen wir seine Schwäche herausfinden."

Die Suche nach der Wahrheit

Gemeinsam machten sich Mia und Sir Cedric auf den Weg zum Drachenhort. Unterwegs trafen sie viele Tiere – einen klugen alten Eulenmann, der ihnen riet: „Der Drache hat Angst vor dem Licht der Sonne. Wenn ihr ihn an einem sonnigen Tag konfrontiert, wird er schwächer sein."

„Das ist eine großartige Idee!", rief Mia begeistert.

Der Drache erscheint

Als sie den Drachenhort erreichten, sahen sie den großen Drachen mit schuppiger Haut und glühenden Augen. Er brüllte laut und ließ Rauch aus seinen Nüstern steigen.

„Wer wagt es, mein Reich zu betreten?", fragte der Drache mit dröhnender Stimme.

Mia zitterte kurz, aber dann erinnerte sie sich an die Worte der Eule. „Wir sind hier, um dir zu helfen! Du musst nicht böse sein!", rief sie mutig.

Die Lektion des Drachen

Der Drache schaute überrascht auf das kleine Mädchen. „Helfen? Was meinst du damit?"

Mia erklärte ihm freundlich: „Du bist nicht allein! Vielleicht hast du nur Angst oder fühlst dich einsam?"

Der Drache senkte seinen Kopf und murmelte: „Ja… ich habe Angst vor den Menschen. Sie haben mir nie vertraut."

Freundschaft schließen

Mia lächelte. „Wir können Freunde sein! Lass uns zusammenarbeiten!"

Der Drache schaute Sir Cedric an und nickte langsam. „Vielleicht könnte ich lernen, dass nicht alle Menschen böse sind."

Von diesem Moment an arbeiteten Mia, Sir Cedric und der Drache zusammen daran, Frieden im Königreich zu schaffen.

Zurück zur Bibliothek

Plötzlich spürte Mia ein Ziehen in ihrem Bauch – das Abenteuerbuch wollte sie zurückbringen!

„Danke für alles!", rief der Drache fröhlich. „Ich werde versuchen, ein besserer Freund zu sein!"

Mit einem letzten Lächeln verschwand Mia im Lichtstrahl des Buches.

Das zweite Buch

Als Mia wieder in der Bibliothek landete, war sie voller Freude über ihr erstes Abenteuer. Doch da bemerkte sie ein anderes Buch – ein blaues mit silbernen Sternen.

„Komm herüber! Ich bin das Traumreise-Buch!", rief es fröhlich.

Neugierig öffnete Mia das Buch erneut und las laut vor: „Es war einmal ein kleines Mädchen namens Luna..."

In die Welt der Träume

Wieder wurde sie von einem Lichtstrahl umhüllt und fand sich in einer zauberhaften Traumwelt wieder. Überall schwebten bunte Wolken und funkelnde Sterne am Himmel.

Luna kam auf sie zu und sagte: „Willkommen in meiner Traumwelt! Hier kannst du alles erleben – aber pass auf die Schatten auf! Sie versuchen immer wieder, die Träume zu stehlen."

Die Schattenjagd

Mia fühlte sich sofort angesprochen. „Wie können wir die Schatten aufhalten?"

Luna erklärte: „Wir müssen unsere Träume stark machen! Lass uns gemeinsam singen!"

Sie begannen zu singen – ihre Stimmen vereinten sich wie ein heller Lichtstrahl gegen die dunklen Schatten.

Die Kraft des Lichts

Die Schatten versuchten näherzukommen, doch je mehr sie sangen, desto heller leuchtete ihre Umgebung. Schließlich verschwanden die Schatten in einem Wimpernschlag!

„Wir haben es geschafft!", jubelten Mia und Luna gemeinsam.

„Deine Stimme ist stark wie dein Herz", sagte Luna stolz.

Rückkehr zur Realität

Plötzlich spürte Mia wieder dieses Ziehen im Bauch – es war Zeit zurückzukehren!

„Danke für alles!", rief Luna fröhlich. „Du bist eine wahre Heldin der Träume!"

Mit einem letzten Blick auf die Traumwelt verschwand Mia im Lichtstrahl des blauen Buches.

Ein neues Kapitel beginnt

Zurück in der Bibliothek setzte sich Mia glücklich hin und dachte über all ihre Abenteuer nach. Jedes Buch hatte ihr etwas Wichtiges beigebracht – über Mut, Freundschaft und die Kraft ihrer eigenen Stimme.

Sie wusste jetzt genau: In jeder Geschichte steckt Magie – man muss nur bereit sein zuzuhören!

Und so beschloss Mia an diesem Abend, noch viele weitere Bücher zu entdecken – denn wer weiß schon welche fliegenden Abenteuer noch auf sie warteten?

Die fliegenden Bücher waren nicht nur Geschichten; sie waren Schlüssel zu neuen Welten voller Wunder und Lektionen für jeden Leser!

Ende

Die fliegenden Bücher

DER NEUGIERIGE REGENBOGENFISCH

Der bunte Ozean

In einem wunderschönen Korallenriff lebte ein kleiner, neugieriger Fisch namens Finn. Finn war kein gewöhnlicher Fisch – er hatte schillernde, bunte Schuppen, die in allen Farben des Regenbogens leuchteten. Doch trotz seiner Schönheit war Finn oft unruhig und fragte sich, was außerhalb seines geliebten Riffs lag.

„Ich möchte die Welt sehen!", rief Finn eines Tages zu seinen Freunden, den anderen Fischen im Riff. „Was gibt es noch da draußen?"

Die Abenteuerlust

Die anderen Fische schüttelten den Kopf. „Bleib hier, Finn! Es ist sicherer im Riff", riet seine beste Freundin, die kleine Goldfisch-Dame Lila.

Aber Finn konnte nicht aufhören zu träumen. „Ich will neue Freunde treffen und aufregende Dinge erleben!"

Eines Morgens beschloss Finn, dass es an der Zeit war, sein kleines Zuhause zu verlassen und das große Abenteuer zu suchen.

Auf ins Unbekannte

Mit einem mutigen Sprung schwamm Finn aus dem Riff und in das offene Wasser des Ozeans. Die Wellen wiegten ihn sanft hin und her, und er fühlte sich frei wie nie zuvor.

Bald entdeckte er eine Gruppe von bunten Fischen, die fröhlich umher schwammen. „Hallo! Ich bin Finn! Darf ich mit euch spielen?", rief er.

Neue Freunde

Die Fische drehten sich um und lächelten. „Klar! Wir sind auch Regenbogenfische!", sagte ein großer Fisch mit leuchtend blauen Schuppen. „Ich bin Leo."

Finn freute sich riesig über seine neuen Freunde. Sie spielten Verstecken zwischen den Korallen und tanzten im Wasser.

Doch bald bemerkte Finn etwas Seltsames – die anderen Fische hatten ganz unterschiedliche Farben und Muster. Er fragte: „Warum seid ihr so verschieden?"

Vielfalt feiern

Leo lächelte. „Jeder von uns ist einzigartig! Unsere Farben machen uns besonders. Wenn wir zusammen schwimmen, sieht es aus wie ein Regenbogen im Wasser!"

Finn fand das faszinierend. „Das ist ja toll! Ich liebe es, dass wir alle unterschiedlich sind!"

Die Fische lachten und schwammen weiter, während sie ihre Unterschiede feierten.

Ein unerwartetes Problem

Plötzlich hörten sie ein lautes Plätschern in der Nähe. Neugierig schwammen sie näher und sahen einen kleinen Tintenfisch namens Timo, der verzweifelt versuchte, sich aus einem Netz zu befreien.

„Hilfe! Bitte helft mir!", rief Timo panisch.

Finn zögerte kurz, aber dann erinnerte er sich an die Worte seiner neuen Freunde über das Teilen von Erfahrungen und das Helfen anderer.

Gemeinsam stark

„Wir müssen ihm helfen!", rief Finn entschlossen.

Die Regenbogenfische kamen zusammen und überlegten einen Plan. Leo sagte: „Wir können ihn ablenken, während du das Netz durchschneidest!"

Finn nickte mutig und schwamm vor Timo herum, um ihn abzulenken. Währenddessen arbeiteten die anderen Fische daran, das Netz zu lösen.

Teamarbeit

Nach einigen Minuten voller Anstrengung gelang es ihnen endlich! Timo war befreit!

„Danke euch allen! Ihr seid meine Helden!", rief Timo glücklich.

Finn fühlte sich stolz auf das Teamwork und die Freundschaft, die sie geteilt hatten.

Eine neue Lektion

Timo schaute auf die bunten Fische um ihn herum und sagte: „Ich habe nie gedacht, dass ich so viele verschiedene Freunde finden würde."

Finn nickte zustimmend. „Ja! Jeder von uns hat etwas Einzigartiges zu bieten."

Timo lächelte breit. „Lasst uns gemeinsam mehr Abenteuer erleben!"

Auf zur nächsten Entdeckung

Die Gruppe beschloss, weiter zu schwimmen und neue Orte im Ozean zu erkunden. Sie entdeckten geheimnisvolle Höhlen voller glitzernder Muscheln und tanzender Seesterne.

Während ihrer Reise lernten sie viel über verschiedene Meeresbewohner – von den schnellen Delfinen bis hin zu den majestätischen Schildkröten.

Ein Fest der Freundschaft

Eines Tages fanden sie eine große Unterwasserwiese voller Algen und Blumen. Die Fische beschlossen, dort ein Fest der Freundschaft zu feiern!

Sie sammelten leckere Algen-Snacks und tanzten fröhlich im Wasser. Jeder erzählte Geschichten über seine Heimat und was ihn besonders machte.

Das Geschenk des Teilens

Als das Fest zu Ende ging, hatte jeder Fisch eine besondere Erinnerung mit nach Hause genommen – nicht nur an die Abenteuer, sondern auch an die Lektionen über Vielfalt und Akzeptanz.

Finn dachte darüber nach, wie wichtig es ist, seine Erfahrungen zu teilen und andere so anzunehmen, wie sie sind.

Rückkehr ins Riff

Nach vielen Abenteuern beschloss Finn schließlich zurück ins Riff zu schwimmen. Als er ankam, waren seine Freunde besorgt gewesen.

„Wo warst du? Wir haben dich vermisst!", rief Lila erleichtert.

Finn lächelte breit. „Ich habe so viel gelernt! Es gibt eine ganze Welt da draußen voller bunter Fische wie uns."

Geschichten erzählen

Er erzählte seinen Freunden von seinen Abenteuern mit den Regenbogenfischen und dem mutigen Tintenfisch Timo. Alle lauschten gebannt seinen Geschichten über Freundschaft und Vielfalt.

„Wir sollten auch einmal hinausgehen!", schlug Lila vor begeistert.

Finn nickte zustimmend. „Ja! Lasst uns unsere eigenen Abenteuer erleben!"

Der neugierige Fisch bleibt neugierig

Von diesem Tag an waren Finns Freunde nicht mehr nur im Riff gefangen – sie wagten sich hinaus in den Ozean und entdeckten gemeinsam neue Welten!

Und so lebte der neugierige Regenbogenfisch glücklich weiter – immer bereit für neue Abenteuer mit seinen Freunden!

Die Geschichte von Finn zeigt uns allen: Es ist wichtig, neugierig zu sein, andere anzunehmen und unsere Erfahrungen miteinander zu teilen – denn genau darin liegt der wahre Reichtum des Lebens!

Ende

Der neugierige Regenbogenfisch Finn

DIE GEHEIMEN TALENTE DER TIERE

Der magische Wald

In einem wunderschönen, grünen Wald lebten viele Tiere. Jedes Tier hatte seine eigenen besonderen Talente, aber oft wussten sie nicht einmal, was sie alles konnten. Eines Tages beschloss die weise alte Eule, dass es an der Zeit war, die geheimen Talente der Tiere zu entdecken.

„Lasst uns ein großes Fest veranstalten! Jeder soll sein Talent zeigen!", rief die Eule mit ihrer tiefen Stimme.

Die Tiere waren aufgeregt und neugierig. Doch einige von ihnen hatten Angst, ihr Talent zu zeigen.

Der schüchterne Hase

Der erste, der sich Sorgen machte, war Hoppel, der kleine Hase. „Ich kann nichts Besonderes! Was soll ich tun?", murmelte er traurig.

Die Eule bemerkte Hoppels Traurigkeit und sagte: „Jeder hat ein Talent, Hoppel. Du musst nur an dich glauben!"

Hoppel nickte zögerlich und beschloss, es zu versuchen.

Die Herausforderung

Am Tag des Festes versammelten sich alle Tiere um eine große Wiese. Die Eule erklärte: „Wir werden verschiedene Herausforderungen haben! Wer bereit ist, sein Talent zu zeigen, kann teilnehmen."

Die erste Herausforderung war ein Rennen durch den Wald. Hoppel zitterte vor Aufregung. „Was ist, wenn ich nicht gewinne?", dachte er.

Das Rennen beginnt

Als das Rennen begann, sprangen die anderen Tiere schnell los – der flinke Fuchs, die geschickte Katze und sogar die langsame Schildkröte waren dabei. Hoppel fühlte sich klein und unbedeutend.

Doch dann erinnerte er sich an die Worte der Eule: „Glaube an dich selbst!"

Mit einem tiefen Atemzug sprang Hoppel los. Er gab sein Bestes und sprang über Äste und Steine.

Ein unerwarteter Freund

Plötzlich hörte er ein leises Wimmern hinter einem Busch. Es war das kleine Rehkitz Rosi, das sich verletzt hatte und nicht weiter konnte.

„Hilfe! Ich kann nicht mehr laufen!", rief Rosi verzweifelt.

Hoppel zögerte kurz – sollte er weiterlaufen oder helfen? Er wusste, dass er helfen musste!

Teamarbeit

„Keine Sorge, Rosi! Ich helfe dir!", rief Hoppel und kam zurück zu dem kleinen Rehkitz. Er half Rosi auf ihre Füße und stützte sie mit seinem Körper.

Gemeinsam machten sie sich auf den Weg zur Wiese zurück. Auch wenn sie nicht schnell waren, arbeiteten sie zusammen und halfen sich gegenseitig.

Der Mutige Hase

Als sie schließlich zur Wiese kamen, applaudierten die anderen Tiere begeistert. „Schaut mal! Hoppel hat Rosi geholfen!", rief die Eule stolz.

Hoppel fühlte sich warm im Herzen. Er hatte nicht nur an sich selbst geglaubt, sondern auch anderen geholfen!

Die nächste Herausforderung

Nach dem Rennen kam die nächste Herausforderung – das Singen eines Liedes im Chor. Die Vögel sangen wunderschön und alle anderen Tiere waren beeindruckt.

Hoppel schaute nervös zu den Vögeln hinauf. „Ich kann nicht singen…", murmelte er.

Aber wieder erinnerte er sich an die Worte der Eule: „Glaube an dich selbst!"

Der Mut zum Singen

Als es an der Zeit war zu singen, stellte sich Hoppel mutig neben die anderen Tiere. Zuerst zitterten seine Beine vor Nervosität, doch dann begann er einfach zu singen – leise am Anfang, aber immer lauter werdend!

Die anderen Tiere schauten überrascht auf den kleinen Hasen. Sein Gesang war klar und fröhlich!

Ein harmonisches Konzert

Bald sangen alle Tiere mit ihm zusammen – es wurde ein wunderschönes Konzert voller Freude und Harmonie!

Die Eule klatschte begeistert mit ihren Flügeln. „Das ist wunderbar! Ihr habt alle eure Talente gezeigt!"

Hoppel strahlte vor Freude – er hatte etwas erreicht, von dem er nie gedacht hätte, dass er es könnte!

Der talentierte Igel

Nach dem Gesang war es Zeit für die nächste Herausforderung – das Geschicklichkeitsspiel mit dem Ball. Der kleine Igel Igor wollte unbedingt teilnehmen.

„Ich bin so stachelig… ich kann sicher nicht gut spielen", dachte Igor besorgt.

Aber als das Spiel begann und der Ball rollte, bemerkten alle Tiere Igors besondere Fähigkeit – seine Stacheln hielten den Ball perfekt fest!

Ein überraschendes Talent

Igor spielte mit viel Geschick und brachte alle zum Lachen mit seinen witzigen Bewegungen. Die anderen Tiere jubelten ihm zu!

„Wow! Igor ist wirklich talentiert!", rief Rosi begeistert.

Igor lächelte stolz – auch er hatte sein verborgenes Talent entdeckt!

Das große Finale

Am Ende des Tages gab es noch eine letzte Herausforderung – einen Tanzwettbewerb! Alle Tiere waren aufgeregt und wollten ihr Bestes geben.

Finn der Fisch schwamm elegant durch die Luft (er hatte einen speziellen Trick gelernt), während Lila der Goldfisch fröhlich umherwirbelte.

Hoppel fühlte sich wieder unsicher. „Was kann ich schon tanzen?"

Aber dann sah er seine Freunde lächeln und wusste sofort – auch wenn er klein war, konnte er einfach Spaß haben!

Der fröhliche Tanz

Er hüpfte fröhlich umher und tanzte wild im Kreis mit seinen Freunden. Alle lachten und tanzten zusammen – es war ein großer Spaß!

Die Eule beobachtete alles mit einem Lächeln auf ihrem Gesicht. „Das Wichtigste ist nicht zu gewinnen oder perfekt zu sein; es geht darum, gemeinsam Spaß zu haben!"

Ein unvergesslicher Tag

Am Ende des Tages waren alle müde aber glücklich. Jedes Tier hatte sein besonderes Talent entdeckt – sei es beim Rennen helfen oder beim Singen glänzen.

Hoppel schaute in die Runde seiner Freunde und fühlte sich stolz auf alles was sie gemeinsam erreicht hatten.

„Danke für diesen tollen Tag! Ich habe so viel gelernt!", rief Hoppel fröhlich.

Und so kehrten alle Tiere nach Hause zurück – voller neuer Erfahrungen und dem Wissen, dass jeder von ihnen etwas Besonderes in sich trug!

Die Geschichte zeigt uns allen: Wenn wir an uns selbst glauben und unsere Talente teilen, können wir gemeinsam Großartiges erreichen!

Ende

Die geheimen Talente der Tiere

DIE ZEIT DER TRÄUME

Die magische Entdeckung

Es war einmal ein kleines Mädchen namens Mia, das in einem gemütlichen Haus am Rande eines großen, geheimnisvollen Waldes lebte. Eines Abends, als sie im Dachboden ihres Hauses spielte, entdeckte sie eine alte, bunte Decke, die in einer Ecke lag. Sie war mit wunderschönen Mustern und leuchtenden Farben verziert.

„Was für eine schöne Decke!", rief Mia begeistert und nahm sie vorsichtig in die Hände. Als sie die Decke berührte, spürte sie ein sanftes Kribbeln.

Die erste Nacht

In dieser Nacht konnte Mia kaum schlafen. Sie legte sich unter die magische Decke und schloss die Augen. Plötzlich fühlte sie sich leicht wie eine Feder und wurde von einem warmen Licht umhüllt.

Als sie ihre Augen wieder öffnete, fand sie sich in einer fantastischen Welt voller glitzernder Sterne und bunter Blumen wieder. „Wo bin ich?", fragte Mia erstaunt.

Der Traumgarten

Vor ihr erstreckte sich ein wunderschöner Garten mit riesigen bunten Blumen und singenden Vögeln. Ein kleiner Schmetterling flatterte zu ihr und sagte: „Willkommen im Traumgarten! Hier kannst du alles erleben, was du dir wünschst!"

Mia strahlte vor Freude. „Das ist ja fantastisch! Was kann ich hier tun?"

Der Wunschbaum

Der Schmetterling führte Mia zu einem großen Baum mit funkelnden Früchten. „Das ist der Wunschbaum! Du kannst dir einen Wunsch erfüllen!"

Mia überlegte kurz und sagte dann: „Ich wünsche mir, fliegen zu können!"

Sofort verwandelten sich ihre Füße in zarte Flügel, und sie hob ab in den Himmel!

Der Flug durch die Wolken

Mia flog hoch über den Garten und fühlte sich frei wie ein Vogel. Sie sauste durch die Wolken und lachte vor Freude. Doch plötzlich bemerkte sie eine dunkle Wolke, die auf sie zukam.

„Oh nein! Was ist das?", rief Mia besorgt.

Die Angst vor dem Unbekannten

Die Wolke verwandelte sich in einen grimmigen Sturmgeist, der laut rief: „Du darfst hier nicht sein!"

Mia fühlte sich ängstlich und wollte wegfliegen, aber der Sturmgeist blockierte ihren Weg. „Ich habe Angst!", dachte sie.

Doch dann erinnerte sie sich an den Schmetterling. „Ich muss mutig sein!", rief Mia entschlossen.

Der Mutige Schritt

Mit all ihrem Mut flog Mia direkt auf den Sturmgeist zu. „Warum bist du so böse? Ich möchte nur spielen!"

Der Sturmgeist schaute überrascht auf das kleine Mädchen. „Niemand hat mich je angesprochen...", murmelte er traurig.

Mia erkannte, dass auch der Sturmgeist vielleicht einsam war. „Komm mit uns spielen! Du musst nicht allein sein!"

Freundschaft schließen

Der Sturmgeist schaute nachdenklich drein und sagte schließlich: „Vielleicht könnte ich es versuchen..."

Gemeinsam flogen Mia und der Sturmgeist durch den Garten und spielten mit den anderen Tieren. Bald lachte der Geist fröhlich mit ihnen.

Die Rückkehr ins Traumland

Nach einem aufregenden Tag im Traumgarten spürte Mia, dass es Zeit war zurückzukehren. Der Schmetterling kam zu ihr geflogen und sagte: „Du hast viel gelernt heute – über Mut und Freundschaft."

Mia nickte zustimmend. „Ja! Ich habe meine Ängste überwunden."

Mit einem sanften Lichtstrahl wurde Mia zurück in ihr Zimmer transportiert.

Eine neue Nacht

In der nächsten Nacht konnte Mia es kaum erwarten, wieder unter ihrer magischen Decke zu schlafen. Diesmal wünschte sie sich etwas anderes – ein Abenteuer im Meer!

Als sie ihre Augen schloss, fühlte sie das Wasser um sich herum und öffnete sie erneut – jetzt war sie ein kleiner Fisch im Ozean!

Das Unterwasserabenteuer

Umgeben von bunten Korallen und schimmernden Fischen schwamm Mia fröhlich umher. Doch bald bemerkte sie einen großen Schatten über ihr – ein hungriger Hai näherte sich!

„Oh nein! Was soll ich tun?", dachte Mia panisch.

Aber dann erinnerte sie sich an ihren Mut aus dem Traumgarten.

Clever sein

Statt wegzuschwimmen, hatte Mia eine Idee. Sie versteckte sich hinter einem großen Stein und beobachtete den Hai genau.

Als er näher kam, rief Mia laut: „Hey! Schau mal hier drüben!"

Der Hai drehte sich überrascht um – er hatte nicht damit gerechnet, dass jemand ihn ansprechen würde!

Ein unerwarteter Freund im Ozean

„Was willst du?", fragte der Hai neugierig.

„Ich wollte nur wissen, warum du so grimmig aussiehst", antwortete Mia mutig.

Der Hai seufzte tief. „Niemand spielt mit mir… alle haben Angst vor mir."

Mia lächelte freundlich. „Lass uns zusammen spielen! Du musst nicht allein sein."

Gemeinsam Spaß haben

Von diesem Moment an schwammen Mia und der Hai zusammen durch das Meer – sie spielten Verstecken zwischen den Korallen und tanzten mit den Quallen.

Bald hatten auch andere Fische keine Angst mehr vor dem Hai – er wurde zum besten Freund aller!

Zurück zur Realität

Als es Zeit war zurückzukehren, winkten alle Fische zum Abschied. Der Hai rief noch einmal nach Mia: „Danke für deine Freundschaft!"

Wieder wurde Mia von einem warmen Lichtstrahl umhüllt und fand sich in ihrem Zimmer wieder.

Sie lächelte glücklich über all die Abenteuer, die sie erlebt hatte – über Mut, Freundschaft und das Überwinden von Ängsten.

Von nun an wusste Mia genau: Mit ihrer magischen Traumdecke konnte sie alles erreichen – solange sie an sich selbst glaubte!

Die Geschichte zeigt uns allen, dass wir unsere Ängste überwinden können und dass wahre Freundschaft überall zu finden ist – sogar in unseren Träumen!

Ende

Die Zeit der Träume / Mia und ihre Decke

DIE MUTIGEN KLEINEN ENTDECKER

Die geheimnisvolle Karte

Es war ein sonniger Samstagmorgen, als die besten Freunde Leo, Mia, Tim und Sara im Park spielten. Plötzlich entdeckte Leo etwas Glänzendes im Gras. Es war eine alte, vergilbte Karte!

„Schaut mal! Was ist das?", rief Leo aufgeregt.

Die Freunde versammelten sich um die Karte und sahen, dass sie zu einem geheimen Schatz im Wald führte. „Wir müssen ihn finden!", sagte Mia begeistert.

Der Plan

„Lasst uns einen Plan machen!", schlug Tim vor. „Wir sollten alles mitnehmen, was wir brauchen – Wasser, Snacks und eine Taschenlampe für den Fall, dass es dunkel wird."

Sara nickte zustimmend. „Und wir sollten auch ein Seil mitnehmen! Man weiß ja nie, was uns erwartet."

Die Freunde packten ihre Rucksäcke und machten sich bereit für das große Abenteuer.

Auf ins Abenteuer

Als sie den Wald erreichten, waren sie von der Schönheit der Natur überwältigt. Die Vögel sangen fröhlich, und die Sonne schien durch die Blätter.

„Hier steht es!", rief Leo und zeigte auf die Karte. „Wir müssen dem Fluss folgen!"

Die Gruppe begann ihren Weg entlang des glitzernden Wassers.

Die erste Herausforderung – der reißende Fluss

Bald kamen sie an einen reißenden Fluss. Das Wasser sprudelte wild und war viel zu tief zum Überqueren.

„Wie sollen wir jetzt weiterkommen?", fragte Sara besorgt.

Tim schaute sich um und hatte eine Idee. „Wir können das Seil benutzen! Wenn wir es an diesem Baum befestigen, können wir vielleicht darüber klettern."

Teamarbeit

Die Freunde arbeiteten zusammen und banden das Seil fest an den Baum. Leo hielt das andere Ende des Seils fest, während Mia vorsichtig über den Fluss kletterte.

„Du schaffst das!", rief Tim ermutigend.

Mia erreichte sicher das andere Ufer und half dann Leo und Sara über den Fluss. Schließlich war auch Tim dran – alle hatten es geschafft!

Der geheimnisvolle Pfad

Nachdem sie den Fluss überquert hatten, folgten sie dem Pfad weiter in den Wald hinein. Plötzlich hörten sie ein seltsames Geräusch hinter einem Gebüsch.

„Was war das?", flüsterte Sara nervös.

Leo trat mutig näher und schaute hinter das Gebüsch. Dort saß ein kleiner Fuchs mit einem verletzten Bein.

Ein neuer Freund

„Oh nein! Der arme Fuchs! Wir müssen ihm helfen!", rief Mia besorgt.

Die Freunde schauten sich an und wussten sofort, was zu tun war. Sie holten ihr Wasser und einige Snacks heraus und gaben dem Fuchs etwas zu trinken.

„Wir sollten ihn mit meinem Halstuch verbinden!", schlug Tim vor.

Mit einem Tuch verband Sara vorsichtig das Bein des Fuchses ein wenig zusammen. Der kleine Fuchs schaute dankbar auf die Kinder.

Der Fuchs als Helfer

Als der Fuchs wieder aufstehen konnte, wedelte er mit seinem Schwanz und schnüffelte an Mias Hand. „Ich glaube, er möchte uns helfen!", sagte Leo überrascht.

Der Fuchs führte die Gruppe durch den Wald zu einem versteckten Pfad voller bunter Blumen und leuchtender Schmetterlinge.

Die zweite Herausforderung – der steile Hang

Bald standen sie vor einem steilen Hang. „Wie kommen wir da hoch?", fragte Sara besorgt.

Der Fuchs schnüffelte am Boden und fand einen kleinen Weg zwischen den Bäumen hindurch. „Folgt mir!", bellte er fröhlich.

Die Freunde folgten dem Fuchs vorsichtig den Hang hinauf – es war rutschig, aber gemeinsam schafften sie es!

Ein unerwarteter Schatz

Oben angekommen sahen sie eine große Höhle vor sich. „Das muss der Ort sein!", rief Leo aufgeregt.

Sie traten vorsichtig in die Höhle ein und fanden dort funkelnde Steine in allen Farben des Regenbogens!

„Das ist kein Goldschatz… aber es ist wunderschön!", staunte Mia.

Die wahre Bedeutung von Reichtum

Tim nahm einen leuchtend blauen Stein in die Hand. „Vielleicht ist dieser Schatz nicht nur für uns gedacht…"

Sara nickte nachdenklich. „Wir könnten einige Steine mitnehmen und anderen zeigen, wie schön die Natur ist."

Leo lächelte breit. „Ja! Lass uns die Steine teilen!"

Die Freunde sammelten einige Steine ein und beschlossen, zurück ins Dorf zu gehen, um ihre Entdeckung zu teilen.

Der Rückweg

Auf dem Rückweg half der kleine Fuchs ihnen erneut – er kannte viele Abkürzungen durch den Wald. Gemeinsam lachten sie über ihre Abenteuer und freuten sich darauf, ihre Geschichte zu erzählen.

Als sie schließlich aus dem Wald traten, warteten schon einige Dorfbewohner auf sie – neugierig auf ihre Erlebnisse!

Die Geschichte erzählen

Mia erzählte begeistert von ihrem Abenteuer im Wald – vom verletzten Fuchs bis hin zum geheimen Schatz aus bunten Steinen. Alle lauschten gebannt ihrer Geschichte!

„Und wir haben gelernt, dass Teamarbeit wichtig ist!", fügte Tim hinzu.

Sara hielt einen der bunten Steine hoch. „Und dass wahre Schätze oft nicht aus Gold bestehen!"

Ein neuer Freund im Dorf

Der kleine Fuchs hatte sich inzwischen von ihnen verabschiedet, aber er würde immer in ihren Herzen bleiben als ihr mutiger Begleiter bei diesem Abenteuer.

„Lasst uns morgen wieder in den Wald gehen!", schlug Leo vor. „Vielleicht gibt es noch mehr Geheimnisse zu entdecken."

Alle stimmten begeistert zu!

Ein unvergessliches Abenteuer

Von diesem Tag an wurden Leo, Mia, Tim und Sara als die mutigen kleinen Entdecker bekannt – immer bereit für neue Abenteuer im Wald!

Sie lernten nicht nur viel über Teamarbeit und Problemlösungsfähigkeiten; sie entdeckten auch die Schönheit der Natur und die Freude daran, ihre Erlebnisse miteinander zu teilen.

Und so lebten sie glücklich weiter – immer auf der Suche nach neuen Abenteuern!

Diese Geschichte zeigt uns allen: Mit Mut, Teamarbeit und Freundschaft können wir jede Herausforderung meistern und dabei unvergessliche Erinnerungen schaffen!

Ende

Die mutigen kleinen Entdecker

DIE SPRECHENDEN PFLANZEN

Der magische Garten

In einem kleinen Dorf gab es einen ganz besonderen Garten, der voller bunter Blumen, strahlender Pflanzen und duftender Kräuter war. Doch dieser Garten hatte ein Geheimnis – die Pflanzen konnten sprechen! Nur die Kinder des Dorfes wussten davon.

Eines Tages beschlossen die Geschwister Emma und Max, den Garten zu besuchen. „Lass uns die sprechenden Pflanzen treffen!", rief Emma aufgeregt.

Die erste Begegnung

Als sie den Garten betraten, hörten sie ein sanftes Flüstern. „Willkommen, kleine Freunde!", rief eine fröhliche Sonnenblume mit einem großen, gelben Kopf.

„Wow! Du kannst sprechen!", staunte Max.

„Natürlich kann ich das! Ich bin Sunny, die Sonnenblume. Kommt näher und hört unsere Geschichten!"

Die Geschichte von Sunny

Sunny begann zu erzählen: „Ich bin hier gewachsen, weil ich viel Sonne und Wasser bekommen habe. Aber wisst ihr, was am wichtigsten ist? Geduld!"

Emma fragte neugierig: „Geduld? Was meinst du damit?"

Sunny lächelte. „Es hat lange gedauert, bis ich so groß und schön wurde. Manchmal muss man einfach warten und darauf vertrauen, dass alles gut wird."

Die weise alte Eiche

Plötzlich hörten sie eine tiefe Stimme aus der Ecke des Gartens. Es war die alte Eiche namens Otto. „Geduld ist wichtig, aber auch Fürsorge", sagte er mit seiner tiefen Stimme.

„Was meinst du damit?", fragte Max.

Otto antwortete: „Ich habe viele Jahre gebraucht, um stark zu werden. Aber ich musste auch auf meine Wurzeln achten und dafür sorgen, dass sie genug Wasser und Nährstoffe bekommen."

Die Lektion der Fürsorge

Emma überlegte kurz und sagte dann: „Also müssen wir uns um die Dinge kümmern, die wir lieben?"

„Genau!", nickte Otto. „Wenn ihr euch um eure Freunde kümmert und ihnen Zeit gebt, können sie wachsen und gedeihen."

Die fröhliche Erdbeerpflanze

Plötzlich hüpfte eine kleine Erdbeerpflanze namens Ella fröhlich heran. „Hallo zusammen! Ich bin Ella! Ich liebe es, süße Erdbeeren zu tragen!"

„Wie machst du das?", fragte Max neugierig.

Ella kicherte. „Es braucht Zeit! Zuerst bin ich nur ein kleiner Spross gewesen. Aber mit viel Licht und Wasser wuchs ich langsam heran."

Die Bedeutung des Wachstums

„Und was hast du gelernt?", wollte Emma wissen.

Ella antwortete: „Wachstum ist nicht immer schnell oder einfach. Manchmal gibt es Herausforderungen – wie Regen oder Wind – aber wenn man durchhält, wird man belohnt."

Max schaute zu Ella auf und sagte: „Das klingt spannend!"

Der schüchterne Kaktus

In einer anderen Ecke des Gartens saß ein schüchterner Kaktus namens Karl. Er war klein und stachlig und schaute vorsichtig hervor.

„Hallo… ich bin Karl…", murmelte er leise.

Emma lächelte freundlich. „Hallo Karl! Was kannst du uns erzählen?"

Karl zögerte kurz und sagte dann: „Ich habe gelernt, dass man manchmal stark sein muss… auch wenn man sich allein fühlt."

Stärke in der Einsamkeit

Max fragte interessiert: „Warum fühlst du dich allein?"

Karl erklärte: „Weil ich anders bin als die anderen Pflanzen… aber das macht mich einzigartig! Ich kann in trockenen Gebieten überleben."

Emma nickte verständnisvoll. „Das bedeutet also, dass jeder von uns etwas Besonderes hat?"

„Ja genau! Jeder hat seine eigene Stärke", antwortete Karl stolz.

Die tanzende Lavendelblume

Plötzlich kam eine tanzende Lavendelblume namens Lila vorbei. Sie bewegte sich im Wind wie bei einem fröhlichen Tanz.

„Kommt tanzen mit mir!", rief Lila fröhlich.

Die Kinder lachten und tanzten mit ihr im Kreis. Lila erzählte währenddessen von ihrer Liebe zur Musik des Windes.

Freude im Moment

„Ich liebe es zu tanzen!", rief Lila begeistert. „Es erinnert mich daran, dass wir jeden Moment genießen sollten – egal wie klein er ist."

Max grinste breit. „Das klingt toll! Wir sollten mehr Spaß haben!"

Emma fügte hinzu: „Ja! Das Leben ist voller schöner Momente."

Der große Regenbogenbaum

Am Ende des Gartens stand ein großer Baum mit bunten Blättern – es war der Regenbogenbaum namens Rocco.

„Kommt herüber!", rief Rocco mit seiner warmen Stimme. „Ich habe noch eine wichtige Lektion für euch."

Die Kinder liefen zu ihm hinüber und schauten gespannt auf seine bunten Blätter.

Vielfalt feiern

Rocco erklärte: „Jede Pflanze hier hat ihre eigene Farbe und Form – genau wie Menschen unterschiedlich sind."

Emma fragte neugierig: „Was sollen wir daraus lernen?"

Rocco lächelte weise. „Wir sollten Vielfalt feiern und jeden so akzeptieren, wie er ist."

Max nickte zustimmend. "Das ist wichtig!"

Abschied vom Garten

Als die Sonne unterging, wussten Emma und Max, dass es Zeit war zu gehen. Sie hatten so viel gelernt!

„Danke für all eure Geschichten!" rief Emma glücklich.

Die Pflanzen winkten ihnen zum Abschied zu. Sunny rief noch einmal nach ihnen: "Denkt daran – Geduld, Fürsorge und Freude sind der Schlüssel zum Wachstum!"

Ein neuer Tag im Garten

Von diesem Tag an besuchten Emma und Max regelmäßig den magischen Garten der sprechenden Pflanzen. Jedes Mal lernten sie etwas Neues über das Leben – über Geduld beim Wachsen, Fürsorge für andere sowie Freude an den kleinen Dingen.

Und so lebten sie glücklich weiter – immer bereit für neue Abenteuer in ihrem geheimen Garten voller Weisheit!

Diese Geschichte zeigt uns allen, dass wir durch Zuhören lernen können – von unseren Freunden in der Natur sowie von den Lektionen des Lebens selbst!

Ende

Die sprechenden Pflanzen

DER ZAUBER DES GESCHICHTENERZÄHLENS

Ein gemütlicher Nachmittag

Es war ein sonniger Samstagnachmittag, als die Geschwister Mia und Ben zu ihren Großeltern fuhren. Die beiden Kinder liebten es, Zeit bei Oma und Opa zu verbringen, denn sie wussten, dass es immer spannende Geschichten gab.

„Oma! Opa!", riefen sie fröhlich, als sie das Haus betraten.

„Hallo, meine kleinen Abenteurer!", antwortete Opa mit einem breiten Lächeln. „Setzt euch auf die Couch, ich habe einige Geschichten für euch."

Die erste Geschichte – Der mutige kleine Vogel

Die Kinder kuschelten sich in die Decken und schauten gespannt zu Opa. „Ich erzähle euch von einem kleinen Vogel namens Pip", begann er.

„Pip war ein ganz kleiner Spatz, der in einem großen Baum lebte. Eines Tages wollte er zum ersten Mal fliegen. Aber er hatte große Angst vor dem hohen Fall."

Mia fragte: „Hat er es trotzdem versucht?"

Opa nickte. „Ja! Mit viel Mut sprang Pip schließlich vom Ast und flatterte mit seinen kleinen Flügeln. Er fiel zuerst, aber dann hob er ab!"

Die Lektion des Mutes

„Was hat Pip gelernt?", fragte Ben neugierig.

„Er lernte, dass man manchmal seine Ängste überwinden muss, um etwas Großes zu erreichen", erklärte Opa. „Mut bedeutet nicht, keine Angst zu haben, sondern trotz der Angst weiterzumachen."

Die zweite Geschichte – Der Freundschaftsbaum

„Jetzt erzähle ich euch von einem besonderen Baum", sagte Opa und lächelte geheimnisvoll.

„In einem kleinen Dorf gab es einen alten Baum, der die besten Freunde Leo und Max zusammenbrachte. Sie spielten jeden Tag unter seinen Ästen und erzählten sich ihre Geheimnisse."

Mia hörte aufmerksam zu. „Was passierte dann?"

Opa fuhr fort: „Eines Tages kam ein Sturm und brach einen großen Ast des Baumes ab. Leo und Max waren traurig, aber sie beschlossen, den Baum gemeinsam zu pflegen."

Die Bedeutung von Freundschaft

„Sie gaben ihm Wasser und schützten ihn vor der Sonne. Nach einer Weile wuchs der Baum wieder stark nach oben", sagte Opa.

Ben fragte: „Haben die Freunde auch etwas gelernt?"

„Ja! Sie lernten, dass wahre Freundschaft bedeutet, füreinander da zu sein – in guten wie in schlechten Zeiten", antwortete Opa.

Die dritte Geschichte – Das verlorene Spielzeug

Opa lehnte sich zurück und begann mit seiner nächsten Geschichte: „Es war einmal ein kleiner Junge namens Timmy, der sein Lieblingsspielzeug verloren hatte – einen roten Ball."

Mia schaute besorgt. „Oh nein! Was hat Timmy gemacht?"

„Timmy war sehr traurig und wusste nicht, was er tun sollte", erklärte Opa. „Aber anstatt aufzugeben, beschloss er, seine Freunde um Hilfe zu bitten."

Teamarbeit ist wichtig

„Gemeinsam suchten sie überall im Park nach dem Ball. Schließlich fanden sie ihn unter einer Bank!", sagte Opa begeistert.

Ben lächelte. „Das klingt nach Spaß!"

Opa nickte zustimmend. „Timmy lernte eine wichtige Lektion: Wenn man Hilfe braucht, ist es okay, um Unterstützung zu bitten. Gemeinsam kann man mehr erreichen!"

Die vierte Geschichte – Der mutige Ritter

„Jetzt kommt eine Geschichte über einen mutigen Ritter namens Leon", begann Opa mit funkelnden Augen.

„Leon lebte in einem Königreich voller Drachen und Abenteuer. Eines Tages hörte er von einem Drachen, der das Dorf bedrohte."

Mia fragte aufgeregt: „Hat Leon den Drachen besiegt?"

Opa lächelte geheimnisvoll. „Leon hatte große Angst vor dem Drachen, aber er wusste auch, dass die Dorfbewohner auf ihn zählten."

Resilienz zeigen

„Er machte sich auf den Weg zur Drachenhöhle und stellte sich seinem größten Albtraum", fuhr Opa fort. „Statt den Drachen mit Schwert und Schild zu bekämpfen, sprach Leon mit ihm und fand heraus, dass der Drache einsam war."

Ben staunte: „Wow! Das ist ja anders als erwartet!"

Opa nickte. „Leon zeigte Mut nicht nur durch Kämpfen, sondern auch durch Verständnis und Mitgefühl."

Die fünfte Geschichte – Der Regenbogen nach dem Sturm

Für seine letzte Geschichte sagte Opa: „Ich möchte euch von einem Regenbogen erzählen... Einmal gab es einen großen Sturm in einem kleinen Dorf. Alle waren traurig über den Regen und die dunklen Wolken."

Mia murmelte: „Das klingt nicht gut..."

Opa lächelte beruhigend. „Aber nach dem Sturm erschien ein wunderschöner Regenbogen am Himmel! Die Dorfbewohner kamen zusammen und feierten das schöne Wetter."

Hoffnung finden

Ben fragte neugierig: „Was bedeutet das?"

Opa erklärte: „Der Regenbogen symbolisiert Hoffnung – selbst nach schwierigen Zeiten kann etwas Schönes entstehen."

Mia strahlte vor Freude. "Das ist eine schöne Botschaft!"

Zusammenfassung der Lektionen

Nachdem alle Geschichten erzählt waren, sahen Mia und Ben ihren Großeltern an.

„Was haben wir heute gelernt?", fragte Oma sanft.

Max überlegte kurz und sagte dann laut: "Wir haben etwas gelernt über Mut... Freundschaft... Teamarbeit... Resilienz... und Hoffnung!"

Opa nickte stolz. "Genau! Geschichten sind nicht nur unterhaltsam; sie lehren uns wichtige Lebenslektionen."

Ein Versprechen für die Zukunft

Mia schaute ihren Bruder an und sagte entschlossen: "Lass uns diese Lektionen im Alltag anwenden!"

Ben stimmte begeistert zu. "Ja! Wir können mutig sein wie Pip oder freundlich wie Leo!"

Oma lächelte warmherzig. "Und vergesst nie – ihr könnt eure eigenen Geschichten erzählen!"

Ein neuer Tag voller Geschichten

Als die Sonne unterging und der Himmel in bunten Farben leuchtete, wussten Mia und Ben genau – sie würden immer wieder kommen, um neue Geschichten von ihren Großeltern zu hören. Jede Geschichte würde ihnen helfen zu wachsen und die Welt besser zu verstehen.

Der Zauber des Geschichtenerzählens

Von diesem Tag an wurde das Geschichtenerzählen ein wichtiger Teil ihrer Familie – eine Tradition voller Liebe und Weisheit.

Und so lebten sie glücklich weiter – immer bereit für neue Abenteuer im Leben!

Diese Geschichte zeigt uns allen den Zauber des Geschichtenerzählens – wie jede Erzählung uns wertvolle Lektionen über das Leben vermitteln kann!

Ende

Der Zauber des Geschichtenerzählens

DIE KLEINE GLÜHWÜRMCHEN-DETEKTIVIN

Ein funkelnder Abend

In einem kleinen, ruhigen Städtchen lebte ein ganz besonderes Glühwürmchen namens Lila. Sie war nicht nur ein gewöhnliches Glühwürmchen; sie war die beste Detektivin der Nacht! Mit ihrem leuchtenden Licht und ihrem scharfen Verstand löste sie die geheimnisvollsten Rätsel in den Gärten der Stadt.

Eines Abends, als die Sonne unterging und die Sterne am Himmel funkelten, machte sich Lila auf den Weg, um ihre nächtlichen Abenteuer zu beginnen.

Das verschwundene Licht

Gerade als Lila durch den Garten von Frau Müller schwebte, hörte sie ein leises Weinen. Neugierig flog sie näher und entdeckte das kleine Kaninchen Hopsi, das traurig in einer Ecke saß.

„Was ist los, Hopsi?", fragte Lila mitfühlend.

„Mein Lieblingsspielzeug ist verschwunden! Es war ein kleiner roter Ball, und ich kann ihn nicht finden!", schniefte Hopsi.

Der Fall wird angenommen

Lila überlegte kurz. „Keine Sorge, Hopsi! Ich werde dir helfen, deinen Ball zu finden!"

Hopsis Augen leuchteten auf. „Wirklich? Oh danke, Lila!"

„Ja! Lass uns gleich anfangen", sagte Lila entschlossen und schwang ihr kleines Licht an.

Die erste Spur

Zuerst flogen sie zum großen Apfelbaum im Garten. „Vielleicht ist der Ball hierher gerollt", schlug Lila vor.

Sie schauten unter den Äpfeln und zwischen den Zweigen, aber der Ball war nicht da. Plötzlich bemerkte Lila etwas Glänzendes im Gras.

„Schau mal dort!", rief sie und flog hinüber. Es war eine kleine rote Schleife!

Ein Hinweis von der Maus

„Das könnte ein Hinweis sein! Vielleicht hat jemand den Ball gesehen", sagte Lila aufgeregt.

Gerade in diesem Moment kam die kleine Maus Mimi vorbei. „Hallo, ihr beiden! Was macht ihr hier so spät in der Nacht?"

Hopsi erklärte schnell das Problem mit dem Ball.

Mimi überlegte kurz und sagte dann: „Ich habe einen kleinen roten Ball gesehen! Er rollte in Richtung des Gartens von Herrn Schmidt."

Auf zur nächsten Station

„Das ist unsere nächste Spur! Komm schon, Hopsi!", rief Lila und führte ihren Freund mit ihrem Licht in Richtung des Nachbargartens.

Als sie bei Herrn Schmidts Garten ankamen, sahen sie viele bunte Blumen und einen kleinen Teich. Aber wo war der Ball?

Der Teich voller Geheimnisse

Lila schwebte über den Teich und bemerkte etwas Rotes im Wasser. „Dort drüben! Ich glaube, ich sehe etwas!" rief sie aufgeregt.

Hopsi sprang aufgeregt umher. „Ist es mein Ball?"

Lila näherte sich dem Wasser und stellte fest, dass es tatsächlich der rote Ball war – aber er schwamm mitten im Teich!

Ein Plan wird geschmiedet

„Wie kommen wir jetzt an den Ball?", fragte Hopsi besorgt.

Lila dachte nach. „Wir brauchen Hilfe! Lass uns die Frösche fragen – vielleicht können sie uns helfen."

Sie flogen zu einem großen Seerosenblatt, wo einige Frösche saßen und quakten.

Die fröhlichen Frösche

„Hallo Frösche! Könnt ihr uns helfen? Unser Freund Hopsi hat seinen Ball im Teich verloren", erklärte Lila.

Die Frösche schauten neugierig auf das Wasser. „Kein Problem! Wir können ins Wasser springen und ihn holen!", rief einer von ihnen fröhlich.

Mit einem Satz sprangen die Frösche ins Wasser und tauchten nach dem roten Ball.

Der große Sprung

Nach ein paar Minuten tauchte einer der Frösche mit dem Ball in seinen Händen wieder auf. „Hier ist er!", quakte er stolz.

Hopsis Augen leuchteten vor Freude. „Danke euch allen!", rief er glücklich.

Lila strahlte vor Freude. „Jetzt können wir zurück zu deinem Zuhause gehen."

Ein unerwarteter Besuch

Auf dem Rückweg bemerkten sie plötzlich ein seltsames Geräusch aus dem Gebüsch. Es klang wie ein leises Wimmern.

„Was könnte das sein?", fragte Hopsi neugierig.

Lila schwebte vorsichtig näher heran und entdeckte ein kleines Igelchen namens Iggy, das sich im Gestrüpp verfangen hatte.

Eine neue Mission

„Oh nein! Iggy braucht Hilfe!", rief Lila besorgt.

Hopsi nickte entschlossen. „Wir müssen ihm helfen!"

Gemeinsam arbeiteten sie daran, die Äste beiseite zu schieben, bis Iggy endlich frei war.

„Danke euch so sehr! Ich dachte schon, ich würde hier für immer feststecken", schnaufte Iggy erleichtert.

Freundschaft zählt

Iggy schaute auf den roten Ball in Hopsis Pfoten und lächelte. „Das ist ja mein Lieblingsball aus meiner Kindheit!"

Hopsi grinste breit. „Er gehört dir?"

Iggy nickte begeistert. „Ja! Ich habe ihn verloren, als ich hierher kam."

Lila lächelte zufrieden. "Es scheint so, als hätten wir zwei Probleme gelöst!"

Zurück im Garten von Hopsi

Als sie zurück zu Hopsis Garten gingen, waren alle glücklich – nicht nur wegen des Balls, sondern auch wegen der neuen Freundschaften, die entstanden waren.

„Danke für eure Hilfe heute Abend", sagte Hopsi dankbar zu Lila und Iggy.

Lila strahlte vor Freude über all die Abenteuer des Abends. "Es macht Spaß zu helfen!"

Ein neuer Tag bricht an

Als die ersten Sonnenstrahlen am Horizont auftauchten, wusste Lila, dass es Zeit war nach Hause zu fliegen. Aber bevor sie ging, versprach sie ihren Freunden:

"Wenn ihr jemals wieder Hilfe braucht oder ein neues Rätsel habt – ruft einfach nach mir!"

Und so wurde Lila zur besten Glühwürmchen-Detektivin der Stadt – immer bereit für neue Abenteuer unter dem Sternenhimmel!

Diese Geschichte zeigt uns allen den Zauber von Freundschaft und Zusammenarbeit – denn gemeinsam können wir jedes Rätsel lösen!

Ende

Die kleine Glühwürmchen-Detektivin

DIE ABENTEUER DES KLEINEN ROBOTERS

Der kleine Roboter in der Werkstatt

In einer kleinen, bunten Werkstatt lebte ein kleiner Roboter namens Robo. Er war nicht wie die anderen Roboter, die nur Befehle befolgten. Robo hatte einen eigenen Kopf und eine große Neugier auf die Welt außerhalb der Werkstatt.

Eines Tages schaute er aus dem Fenster und sah die Sonne scheinen. „Ich möchte die Welt da draußen erkunden!", rief er begeistert.

Der große Ausbruch

Robo überlegte, wie er aus der Werkstatt entkommen konnte. Er schlich sich an den Werkzeugen vorbei und öffnete vorsichtig das Fenster. Mit einem kleinen Sprung landete er auf dem weichen Gras im Garten.

„Wow! Das fühlt sich toll an!", jubelte Robo und begann, durch den Garten zu hüpfen.

Die erste Begegnung – Die freundliche Katze

Plötzlich hörte er ein leises Miauen. Neugierig folgte er dem Geräusch und fand eine kleine, graue Katze namens Miezi, die in der Sonne lag.

„Hallo! Wer bist du?", fragte Miezi mit großen Augen.

„Ich bin Robo, der kleine Roboter! Ich möchte die Welt erkunden!", antwortete er fröhlich.

Ein neues Spiel lernen

Miezi schnurrte erfreut. „Das klingt spannend! Möchtest du mit mir spielen? Ich kann dir zeigen, wie man mit einem Ball spielt."

Robo war begeistert. „Ja, bitte!"

Miezi rollte einen kleinen Ball zu ihm. Zuerst wusste Robo nicht genau, was er tun sollte, aber nach ein paar Versuchen lernte er schnell, den Ball mit seinen kleinen Füßen zu kicken.

Ein unerwarteter Freund

Nach einer Weile kam ein kleiner Hund namens Bello vorbei. „Was macht ihr beiden hier?", fragte Bello neugierig.

„Wir spielen mit dem Ball! Willst du mitmachen?", rief Miezi.

Bello sprang aufgeregt herum. „Ja! Ich liebe Ballspiele!"

Zusammen spielten sie fröhlich im Garten und Robo fühlte sich glücklich und frei.

Auf zur nächsten Entdeckung

Nachdem sie genug gespielt hatten, sagte Robo: „Ich möchte noch mehr entdecken! Wo können wir hin?"

Miezi überlegte kurz und sagte dann: „Lass uns zum Park gehen! Dort gibt es viele Tiere und Menschen."

Bello bellte vor Freude. „Das klingt super!"

Der Park voller Überraschungen

Im Park angekommen, sahen sie viele Kinder, die spielten und lachten. Robo war fasziniert von all den bunten Drachen, die in den Himmel flogen.

„Schau mal dort drüben!", rief Miezi und zeigte auf einen Jungen mit einem roten Drachen.

Robo wollte wissen, wie man einen Drachen fliegen lässt. Also gingen sie zu dem Jungen namens Timmy.

Hilfe beim Drachenfliegen

„Hallo! Wie fliegt man diesen Drachen?", fragte Robo neugierig.

Timmy lächelte. „Es ist ganz einfach! Du musst ihn richtig halten und dann loslassen, wenn der Wind weht."

Robo beobachtete genau und versuchte es selbst. Nach ein paar Versuchen gelang es ihm tatsächlich – der Drache flog hoch in den Himmel!

„Wow, ich kann ihn fliegen sehen!", rief Robo begeistert.

Ein neuer Freund – Die weise Eule

Während sie im Park waren, bemerkten sie eine große Eule namens Ella, die auf einem Ast saß und alles beobachtete.

„Hallo Ella! Was machst du hier oben?", fragte Miezi neugierig.

Ella lächelte weise. „Ich schaue nach Abenteuern. Was habt ihr heute gelernt?"

Robo erzählte von seinem ersten Drachenflug und Ella nickte zustimmend. „Das ist großartig! Aber denkt daran – das Wichtigste beim Lernen ist Geduld."

Geduld üben

Robo dachte darüber nach und sagte dann: „Ich werde geduldig sein und weiter üben!"

Ella lächelte stolz. „Das ist eine gute Einstellung."

Auf zur nächsten Herausforderung

Nach einer Weile beschlossen sie, weiterzugehen und neue Abenteuer zu erleben. Sie kamen an einem Teich vorbei, wo viele Frösche quakten.

„Schaut mal dort drüben! Vielleicht können wir etwas über das Schwimmen lernen", schlug Bello vor.

Die Freunde gingen näher zum Teich und sahen einen kleinen Frosch namens Freddy am Ufer sitzen.

Schwimmen lernen von Freddy

„Hallo Freddy! Kannst du uns zeigen, wie man schwimmt?", fragte Miezi freundlich.

Freddy quakte fröhlich. „Klar! Es macht Spaß!"

Er sprang ins Wasser und paddelte fröhlich umher. Robo schaute fasziniert zu und wollte es auch versuchen – aber wie sollte ein Roboter schwimmen?

Eine kreative Lösung finden

„Ich kann nicht schwimmen wie ihr... aber vielleicht kann ich etwas anderes ausprobieren", dachte Robo laut nach.

Freddy hatte eine Idee. „Du könntest versuchen zu planschen oder einfach am Rand stehen bleiben."

Robo nickte entschlossen und begann zu planschen – das Wasser spritzte überall!

Alle lachten herzlich über Robos lustige Bewegungen im Wasser.

Rückkehr zur Werkstatt

Als die Sonne langsam unterging, wusste Lila, dass es Zeit war zurückzukehren. Sie hatten so viel erlebt!

„Danke für all die tollen Abenteuer heute!", sagte Robo glücklich zu seinen neuen Freunden.

Miezi schnurrte zufrieden. „Es war ein wunderschöner Tag!"

Bello bellte fröhlich dazu: „Wir sollten das bald wiederholen!"

Ein neuer Tag voller Möglichkeiten

Zurück in seiner Werkstatt schaute Robo aus dem Fenster in den Abendhimmel. Er fühlte sich erfüllt von all den neuen Erfahrungen und Freundschaften des Tages.

„Ich kann es kaum erwarten, morgen wieder hinauszugehen!", murmelte er vor sich hin.

Und so träumte der kleine Roboter von weiteren Abenteuern in der großen Welt da draußen – bereit für neue Entdeckungen!

Diese Geschichte zeigt uns allen den Wert von Neugierde, Freundschaft und dem Mut, Neues auszuprobieren – denn jeder Tag bringt neue Möglichkeiten zum Lernen und Wachsen!

Ende

Die Abenteuer des kleinen Roboters

DIE MAGISCHE MUSCHEL

Ein sonniger Tag am Strand

Es war ein wunderschöner Sommertag, als die kleine Mia mit ihrer Familie zum Strand fuhr. Der Sand war warm und die Wellen plätscherten sanft ans Ufer. Mia liebte es, am Strand zu spielen und Muscheln zu sammeln.

„Schau mal, Mama!", rief sie aufgeregt, als sie eine besonders schöne Muschel entdeckte. Sie war groß, glänzend und hatte die Farben des Regenbogens.

Die Entdeckung der magischen Muschel

Mia hob die Muschel vorsichtig auf und hielt sie an ihr Ohr. „Ich kann das Meer hören!", rief sie begeistert. Doch plötzlich begann die Muschel zu leuchten und ein sanfter Wind umhüllte Mia.

„Was passiert hier?", fragte sie verwirrt. Im nächsten Moment wurde alles um sie herum verschwommen, und sie fand sich in einer ganz anderen Welt wieder – der Unterwasserwelt!

Willkommen in der Unterwasserwelt

Als Mia wieder klar sehen konnte, staunte sie über die Schönheit um sich herum. Bunte Fische schwammen fröhlich vorbei, Korallen leuchteten in allen Farben des Regenbogens und das Wasser glitzerte wie tausend Diamanten.

„Wow! Wo bin ich?", murmelte Mia fasziniert.

Plötzlich tauchte ein freundlicher Delfin namens Duffy neben ihr auf. „Willkommen in der Unterwasserwelt! Ich bin Duffy!"

Ein neues Abenteuer beginnt

„Ich bin Mia! Wie bin ich hierhergekommen?", fragte sie neugierig.

Duffy lächelte. „Die magische Muschel hat dich hierher gebracht! Möchtest du mit mir schwimmen und die Wunder des Meeres entdecken?"

Mia nickte begeistert. „Ja, das möchte ich sehr gerne!"

Die Schule der Fische

Duffy führte Mia zu einer bunten Schule von Fischen, die fröhlich umher schwammen. „Das sind meine Freunde! Sie zeigen dir, wie wichtig es ist, im Ozean zusammenzuarbeiten."

Die Fische tanzten im Wasser und bildeten verschiedene Formen – einen Kreis, ein Herz und sogar einen Stern!

„Wow, das sieht toll aus!", rief Mia begeistert.

Die Lektion über Freundschaft

Nach dem Tanz erklärte Duffy: „Im Ozean müssen wir zusammenarbeiten, um sicher zu sein. Wenn wir uns gegenseitig helfen, können wir viele Abenteuer erleben."

Mia dachte darüber nach und sagte: „Das ist wie bei uns Menschen! Wenn wir Freunde sind und zusammenarbeiten, können wir alles schaffen."

Auf zur Korallenstadt

Duffy nahm Mia mit zur Korallenstadt, wo viele verschiedene Meeresbewohner lebten. Dort trafen sie eine kluge Schildkröte namens Tessa.

„Hallo Tessa!", rief Duffy. „Mia ist hier zu Besuch!"

Tessa lächelte weise. „Willkommen, Mia! Hast du schon etwas über den Schutz unserer Ozeane gelernt?"

Die Bedeutung des Umweltschutzes

Mia schüttelte den Kopf. „Nein, was meinst du damit?"

Tessa erklärte geduldig: „Unsere Ozeane sind voller Leben, aber wir müssen darauf achten, dass wir sie nicht verschmutzen oder schädigen. Plastikmüll kann gefährlich für uns Meeresbewohner sein."

Mia wurde nachdenklich. „Das ist traurig… Was kann ich tun?"

Kleine Taten machen einen Unterschied

Tessa lächelte ermutigend. „Jeder kann helfen! Du kannst deinen Freunden erzählen, wie wichtig es ist, den Müll richtig zu entsorgen und den Strand sauber zu halten."

Mia nickte entschlossen. „Ich werde dafür sorgen, dass alle wissen, wie wichtig es ist!"

Ein unerwarteter Besuch – Der verletzte Fisch

Plötzlich hörten sie ein leises Wimmern aus einer Ecke der Korallenstadt. Neugierig schwammen sie hinüber und fanden einen kleinen Fisch namens Finn, der sich in einem Netz verfangen hatte.

„Oh nein! Lass mich bitte raus!", jammerte Finn verzweifelt.

Gemeinsam helfen

„Wir müssen ihm helfen!", rief Mia besorgt.

Duffy und Tessa arbeiteten zusammen mit Mia daran, das Netz vorsichtig zu lösen. Nach einigen Minuten gelang es ihnen endlich!

Finn schnappte nach Luft und bedankte sich herzlich: „Danke euch allen! Ihr seid echte Freunde!"

Die Kraft der Freundschaft

Mia strahlte vor Freude. „Wir haben gemeinsam geholfen!"

Finn nickte zustimmend. „Freundschaft bedeutet auch füreinander da zu sein – egal was passiert."

Abschied von der Unterwasserwelt

Nachdem sie viele Abenteuer erlebt hatten und viel über Freundschaft sowie den Schutz des Ozeans gelernt hatten, wusste Mia leider, dass es Zeit war zurückzukehren.

„Ich werde euch nie vergessen!", rief sie Duffy und Tessa zu.

„Komm bald wieder zurück!", rief Duffy fröhlich.

Mit einem letzten Blick auf ihre neuen Freunde hielt Mia die magische Muschel fest in ihren Händen.

Zurück an den Strand

Im nächsten Moment fand sich Mia wieder am Strand – die Sonne schien hell über ihr und das Rauschen der Wellen beruhigte sie.

Sie schaute auf die Muschel in ihrer Hand und wusste genau: Diese Reise hatte ihr Herz berührt.

Eine neue Mission für den Schutz der Ozeane

Von diesem Tag an erzählte Mia all ihren Freunden von ihren Abenteuern im Ozean und dem wichtigen Thema des Umweltschutzes.

Sie organisierte Strandreinigungen mit ihrer Familie und Freunden – jeder sollte wissen, wie wichtig es ist, unsere Ozeane zu schützen!

Und so lebte Mia glücklich weiter – immer bereit für neue Abenteuer im Leben!

Diese Geschichte zeigt uns allen den Zauber von Freundschaft sowie die Verantwortung für unseren Planeten – denn jeder von uns kann einen Unterschied machen!

Ende

Mia und die magische Muschel

DIE REISE DER KLEINEN SCHNECKE

Die kleine Schnecke mit großen Träumen

In einem bunten Garten lebte eine kleine Schnecke namens Susi. Susi war nicht wie die anderen Schnecken, die den ganzen Tag faul in der Sonne lagen. Sie hatte große Träume! „Eines Tages möchte ich die höchste Blume im Garten erreichen und die Welt von oben sehen!", sagte sie oft zu ihren Freunden.

Der Entschluss zur Reise

Eines Morgens, als die Sonne aufging und die Vögel fröhlich zwitscherten, beschloss Susi: „Heute ist der Tag! Ich mache mich auf den Weg, um meine Träume zu verwirklichen!"

Mit einem tiefen Atemzug kroch sie los. Es würde eine lange Reise werden, aber Susi war fest entschlossen.

Die erste Herausforderung – Der große Stein

Nach einer Weile stieß Susi auf einen großen Stein, der ihren Weg versperrte. „Oh nein! Wie soll ich da nur rüber kommen?", dachte sie verzweifelt.

Plötzlich hörte sie ein Rascheln neben sich. Es war Max, der mutige Maulwurf. „Hallo Susi! Was machst du hier?"

„Ich möchte zur höchsten Blume im Garten, aber dieser Stein blockiert meinen Weg!", erklärte Susi.

Ein guter Rat von Max

Max überlegte kurz und sagte dann: „Du musst geduldig sein. Manchmal hilft es, einen anderen Weg zu finden oder einfach etwas Zeit zu investieren."

Susi nickte nachdenklich. „Das klingt gut! Ich werde es versuchen."

Sie suchte nach einem schmalen Pfad um den Stein herum und fand schließlich einen Weg, der sie weiterführte.

Die Begegnung mit dem schlauen Frosch

Ein Stück weiter traf Susi auf einen kleinen Teich, in dem ein grüner Frosch namens Felix saß. Er quakte fröhlich und sprang von Lilie zu Lilie.

„Hallo Susi! Wohin gehst du?", fragte Felix neugierig.

„Ich will die höchste Blume im Garten erreichen!", antwortete Susi stolz.

Geduld lernen mit Felix

Felix lächelte. „Das ist ein tolles Ziel! Aber weißt du, manchmal muss man auch Geduld haben. Schau dir an, wie ich springe – ich übe jeden Tag, um besser zu werden."

Susi schaute fasziniert zu, wie Felix immer wieder versuchte, höher zu springen. Nach einer Weile klatschte er begeistert in die Hände: „Siehst du? Übung macht den Meister!"

Ein neuer Freund – Die weise Schildkröte

Als Susi weiter kroch, begegnete sie einer alten Schildkröte namens Tilda. Tilda saß gemütlich unter einem Baum und genoss die warmen Sonnenstrahlen.

„Hallo kleine Schnecke! Wo bist du denn unterwegs?", fragte Tilda freundlich.

„Ich möchte zur höchsten Blume im Garten!", rief Susi voller Begeisterung.

Ausdauer lernen von Tilda

Tilda nickte verständnisvoll. „Das ist ein schöner Traum, aber vergiss nicht – es braucht Zeit und Ausdauer, um dorthin zu gelangen."

Susi schaute Tilda an und fragte: „Wie schaffst du es so geduldig zu sein?"

Tilda lächelte weise. „Ich habe gelernt, dass jede Reise ihre eigenen Herausforderungen hat. Wenn man langsam bleibt und nicht aufgibt, erreicht man sein Ziel."

Der Regenbogenweg

Nach ihrem Gespräch mit Tilda setzte Susi ihre Reise fort und kam bald an einen wunderschönen Regenbogenweg. Die Farben leuchteten so hell!

„Wow! Das sieht ja toll aus!", rief sie begeistert.

Doch als sie über den Regenbogenweg krabbeln wollte, bemerkte sie, dass er sehr rutschig war.

Hilfe von den bunten Schmetterlingen

Gerade als sie unsicher wurde, kamen einige bunte Schmetterlinge vorbei und flatterten um sie herum. „Komm schon, kleine Schnecke! Wir helfen dir!", riefen sie fröhlich.

Die Schmetterlinge flogen vor ihr her und zeigten ihr den besten Weg über den Regenbogenweg. Mit ihrer Hilfe schaffte es Susi sicher ans andere Ende!

Ein unerwarteter Regenschauer

Plötzlich begann es zu regnen! Die Tropfen fielen wie kleine Wasserbälle vom Himmel und machten alles nass.

„Oh nein! Jetzt kann ich nicht weitergehen!", jammerte Susi traurig.

Aber dann erinnerte sie sich an das Gespräch mit Tilda über Geduld und Ausdauer. Sie beschloss abzuwarten und sich unter einem großen Blatt Schutz zu suchen.

Der Regen bringt neue Möglichkeiten

Während des Regens beobachtete Susi die Tiere um sich herum – die Vögel suchten Unterschlupf in den Bäumen und die Blumen tranken das Wasser gierig auf.

Als der Regen endlich aufhörte und die Sonne wieder schien, sah alles frisch und strahlend aus!

„Schau mal!", rief Felix der Frosch begeistert. „Der Regen hat alles zum Blühen gebracht!"

Susi fühlte sich inspiriert durch all das Leben um sich herum.

Der letzte Abschnitt zur höchsten Blume

Endlich erreichte Susi das Feld mit den höchsten Blumen im Garten. Ihre Herzen schlugen schneller vor Aufregung!

„Da ist sie!", rief Felix begeistert und zeigte auf eine riesige blaue Blume in der Mitte des Feldes.

Susi kroch so schnell sie konnte (was für eine Schnecke natürlich nicht sehr schnell war) zur Blume hinüber.

Der Blick von oben

Als sie endlich ankam, kletterte sie vorsichtig auf die Blüte und schaute über den Garten hinaus. Von dort oben konnte sie alles sehen – den Teich mit Felix, das Haus von Max und sogar Tildas schattigen Platz unter dem Baum!

„Wow! Das ist wunderschön!", rief Susi voller Freude.

Sie fühlte sich stolz auf ihre Reise und all das Gelernte über Geduld und Ausdauer.

Zurück nach Hause mit neuen Freunden

Als es Zeit wurde zurückzukehren, wusste Susi genau – diese Reise hatte ihr Herz gefüllt mit Freundschaft und wichtigen Lektionen fürs Leben.

Auf dem Rückweg erzählte sie allen von ihren Abenteuern im Garten und wie wichtig es ist, niemals aufzugeben – egal wie langsam man ist!

Und so lebten alle glücklich weiter – jeder bereit für seine eigenen Abenteuer!

Diese Geschichte zeigt uns allen den Wert von Geduld, Ausdauer sowie Freundschaft – denn jeder Schritt zählt auf dem Weg zu unseren Träumen!

Ende

Die Reise der kleinen Schnecke

DIE GEHEIMNISVOLLE LATERNE

Ein verregneter Nachmittag

Es war ein grauer, regnerischer Nachmittag, als die kleine Emma in den Dachboden ihres Großvaters ging. Sie liebte es, dort zu stöbern und alte Schätze zu entdecken. Zwischen Kisten voller Bücher und alten Spielsachen entdeckte sie eine staubige, alte Laterne.

„Was für eine seltsame Laterne!", murmelte Emma und wischte den Staub ab. Plötzlich begann die Laterne zu leuchten und ein sanftes Licht erfüllte den Raum.

Die magische Entdeckung

Emma hielt die Laterne neugierig in der Hand. „Was passiert, wenn ich sie anmache?", fragte sie sich. Sie drückte den kleinen Knopf an der Seite und das Licht wurde heller.

Im nächsten Moment fühlte sie sich schwindelig und alles um sie herum verschwamm. Als das Licht verblasste, fand sie sich in einer ganz anderen Zeit wieder!

Im alten Ägypten

Emma blinzelte und sah sich um. Sie stand vor einer riesigen Pyramide! „Wow! Ich bin im alten Ägypten!", rief sie begeistert.

Gerade als sie staunte, kam ein kleiner Junge namens Amir auf sie zu. „Hallo, Zeitreisende! Wer bist du?"

„Ich bin Emma! Ich habe diese Laterne gefunden und jetzt bin ich hier! Was machst du?"

Das Geheimnis der Pyramiden

Amir lächelte. „Ich helfe meinem Vater beim Bau der Pyramide. Möchtest du mir helfen?"

Emma nickte aufgeregt. Gemeinsam halfen sie dabei, große Steine zu bewegen und die Pyramide weiterzubauen. Während sie arbeiteten, erzählte Amir ihr von den Pharaonen und den Göttern des alten Ägypten.

„Das ist so spannend!", rief Emma begeistert.

Der Rückweg zur Laterne

Nach einer Weile bemerkte Emma, dass es Zeit war zurückzukehren. Sie drückte erneut den Knopf an der Laterne und fühlte sich wieder schwindelig.

Als das Licht erlosch, fand sie sich wieder auf dem Dachboden ihres Großvaters.

„Das war unglaublich!", rief Emma voller Freude.

Ein neues Abenteuer wartet

Neugierig nahm Emma die Laterne erneut in die Hand. „Wo werde ich als Nächstes hinreisen?", fragte sie sich und drückte den Knopf wieder.

Das Licht flackerte auf und bald fühlte sie sich wieder schwindelig…

Im Mittelalter

Als das Licht erlosch, stand Emma mitten auf einem lebhaften Marktplatz im Mittelalter. Überall waren Menschen in bunten

Kleidern, Händler riefen ihre Waren aus und Kinder spielten mit Holzspielzeug.

„Wow! Das ist ja wie im Märchen!", staunte Emma.

Plötzlich bemerkte sie einen kleinen Jungen namens Leo, der traurig auf einer Bank saß.

Freundschaft schließen

Emma ging zu ihm hinüber. „Warum bist du so traurig?"

Leo seufzte. „Ich habe kein Geld für die Spiele am Markt."

Emma dachte nach und hatte eine Idee. „Komm mit mir! Lass uns zusammen spielen!"

Sie fanden einen Ball aus Stroh und begannen zu kicken. Bald hatten auch andere Kinder Spaß daran!

Ein Turnier im Dorf

Während des Spiels hörten sie plötzlich einen Ruf: „Kommt alle her zum großen Turnier!"

Neugierig folgten Emma und Leo dem Ruf zum Dorfplatz, wo Ritter in glänzenden Rüstungen um die Wette kämpften.

„Das sieht toll aus!", rief Leo begeistert.

Emma klatschte vor Freude in die Hände. „Ich möchte auch einmal eine Ritterin sein!"

Der Rückweg zur Laterne

Nach dem aufregenden Tag wusste Emma, dass es Zeit war zurückzukehren. Sie drückte erneut den Knopf an der Laterne und fühlte sich wieder schwindelig.

Als das Licht erlosch, war sie wieder auf dem Dachboden – aber ihr Herz war voller neuer Erinnerungen!

Die nächste Reise – In die Zukunft?

Emma konnte nicht genug von ihren Abenteuern bekommen. Sie nahm die Laterne ein drittes Mal in die Hand und fragte sich: „Wohin wird mich die Laterne diesmal bringen?"

Sie drückte den Knopf erneut…

In einer futuristischen Stadt

Als das Licht erlosch, fand sich Emma in einer strahlenden futuristischen Stadt wieder. Fliegende Autos schwebten über ihr hinweg und Roboter halfen den Menschen bei ihren täglichen Aufgaben.

„Wow! Ist das wirklich die Zukunft?", fragte Emma erstaunt.

Ein freundlicher Roboter namens Robo kam auf sie zu. „Willkommen in der Zukunft! Möchtest du unsere Technologie kennenlernen?"

Die Wunder der Technik

Robo zeigte Emma viele erstaunliche Dinge – von fliegenden Skateboards bis hin zu holografischen Spielen. Sie lernte viel über Erfindungen und wie wichtig es ist, kreativ zu sein.

„Das ist so cool! Ich möchte auch Erfinderin werden!", rief Emma begeistert.

Der Rückweg zur Gegenwart

Doch bald merkte Emma, dass es Zeit war zurückzukehren. Sie drückte erneut den Knopf an der Laterne und fühlte sich wieder schwindelig.

Als das Licht erlosch, stand sie wieder auf dem Dachboden – aber diesmal mit vielen neuen Ideen im Kopf!

Die Bedeutung von Träumen

Emma schaute auf die geheimnisvolle Laterne in ihrer Hand. Sie hatte so viel gelernt über Freundschaft, Geschichte und Kreativität!

Von diesem Tag an wusste Emma, dass ihre Träume wichtig waren – egal ob im alten Ägypten oder in der Zukunft!

Und so beschloss sie, ihre eigenen Abenteuer zu erleben – mit oder ohne magische Laterne!

Diese Geschichte zeigt uns allen die Kraft von Träumen sowie die Bedeutung von Freundschaft und Neugierde – denn jede Reise kann uns etwas Neues lehren!

Ende

Die geheimnisvolle Laterne

DIE FREUNDE IM ZAUBERWALD

Ein magischer Ort

In einem weit entfernten Land, verborgen hinter hohen Bergen und glitzernden Seen, lag der Zauberwald. Dieser Wald war nicht wie jeder andere. Hier lebten Tiere, die sprechen konnten, und Pflanzen, die tanzen konnten. Die Sonne schien immer freundlich, und der Mond erzählte Geschichten in der Nacht.

Die Freunde

In diesem magischen Wald lebten vier beste Freunde: Leo der Löwe, Bella das Reh, Max der Hase und Trixi die Eule. Sie waren unzertrennlich und erlebten jeden Tag neue Abenteuer.

Ein geheimnisvoller Morgen

Eines Morgens wachte Leo auf und bemerkte etwas Seltsames. Der Himmel war grau und die Farben des Waldes schienen verblasst. „Das sieht nicht gut aus", brüllte Leo besorgt. „Wir müssen herausfinden, was passiert ist!"

Die Versammlung

Schnell versammelten sich alle Tiere des Waldes am großen alten Baum in der Mitte des Zauberwaldes. Bella sprach aufgeregt: „Ich habe gehört, dass die Farben des Waldes von einem geheimnisvollen Regenbogenstein abhängen!"

Die Legende des Regenbogensteins

Trixi die Eule nickte weise. „Ja, der Regenbogenstein ist ein magischer Stein, der die Farben des Waldes leuchten lässt. Wenn er gestohlen wird oder verloren geht, wird alles grau."

Auf zur Suche

„Wir müssen den Regenbogenstein finden!", rief Max entschlossen. „Lasst uns gemeinsam aufbrechen!" Die Freunde machten sich auf den Weg durch den Wald, um den Stein zu suchen.

Der erste Hinweis

Nach einer Weile fanden sie einen alten Baum mit einer eingeritzten Karte. „Hier steht etwas!", rief Bella aufgeregt. „Der Stein befindet sich im Herzen des Waldes, bewacht von einem Drachen!"

Der Drache

„Ein Drache? Oh je!", sagte Max nervös. „Was sollen wir tun?" Leo überlegte kurz und sagte dann mutig: „Wir müssen zusammenarbeiten! Vielleicht können wir ihn überzeugen, uns den Stein zu geben."

Der Weg zum Drachen

Die Freunde machten sich auf den Weg zum Herzen des Waldes. Unterwegs halfen sie einander – Bella zeigte Leo den besten Weg durch das Dickicht, Max sammelte leckere Beeren für eine Stärkung und Trixi hielt Ausschau nach Gefahren.

Das Drachenlager

Als sie schließlich beim Drachen ankamen, sahen sie ihn schlafend vor einer Höhle liegen. Er war groß und hatte schimmernde Schuppen in allen Farben des Regenbogens.

Ein Plan entsteht

„Wir müssen ihn wecken", flüsterte Trixi. „Aber sanft!" Bella hatte eine Idee. Sie begann zu singen – eine wunderschöne Melodie, die selbst den Drachen sanft aus dem Schlaf holte.

Das Gespräch mit dem Drachen

Bella, das Reh, war nicht nur für ihre Anmut und Schnelligkeit bekannt, sondern auch für ihre wunderschöne Stimme. Sie hatte die Fähigkeit, mit ihrem Gesang die Herzen der Tiere im Zauberwald zu berühren. Ihre Melodien waren so sanft und melodisch, dass selbst die Blumen im Wald zu tanzen begannen, wenn sie sang.

Als die Freunde vor dem schlafenden Drachen standen, spürte Bella sofort, dass dies der richtige Moment war, um ihr Talent einzusetzen. Sie wusste, dass der Drache nicht böse war; er war einfach einsam und brauchte jemanden, der ihm zeigte, dass Freundschaft etwas Wundervolles ist.

Mit einem tiefen Atemzug trat Bella näher an den Drachen heran. Die anderen Tiere schauten gespannt zu. „Ich werde ihn mit meinem Gesang wecken", flüsterte sie. „Hört gut zu!"

Sie begann mit einer sanften Melodie, die wie ein sanfter Wind durch den Wald wehte. Ihre Stimme klang wie das Plätschern eines kleinen Baches und das Rascheln der Blätter in den Bäumen. Bella sang von den Farben des Waldes – von leuchtendem Grün, strahlendem Gelb und tiefem Blau. Sie beschrieb die Freude der Tiere und die Schönheit des Lebens im Zauberwald.

Die Melodie erfüllte die Luft und drang langsam in die Ohren des Drachen ein. Zuerst rührte sich nur sein Schwanz leicht, dann öffnete er langsam seine Augen. Der Drache blickte verwirrt auf Bella und die anderen Freunde. Doch als er ihren Gesang hörte, fühlte er sich warm und geborgen.

Bella sang weiter und erzählte von der Gemeinschaft im Zauberwald – von den Abenteuern der Tiere und dem Lachen, das jeden Tag ertönte. Ihre Stimme war so voller Hoffnung und Liebe, dass selbst der Drache nicht anders konnte, als zuzuhören.

„Was für eine schöne Melodie", murmelte der Drache schließlich mit einer tiefen Stimme. „Ich habe lange nichts mehr gehört, was so schön ist." Dann peitschte er mit seinem langen Schwanz und brüllte sanft. „Was wollt ihr hier?"

Bella lächelte ihn an und erklärte ihm ihre Mission „Wir sind hier, um dir zu zeigen, dass du nicht allein sein musst. Das geht aber nur, wenn du den Regenbogenstein zurück gibst."

Der Grund für das Grau

Der Drache hörte aufmerksam zu und seufzte dann tief. „Ich habe den Regenbogenstein genommen, weil ich einsam war und dachte, die Farben würden mir Gesellschaft leisten."

Eine Lösung finden

Bella lächelte freundlich und sagte: „Du musst nicht allein sein! Wir können Freunde sein!" Der Drache schaute überrascht drein. „Freunde? Das klingt schön…"

Gemeinsam stark

Die Freunde luden den Drachen ein, mit ihnen im Zauberwald zu leben und gemeinsam Abenteuer zu erleben. Der Drache gab ihnen den Regenbogenstein zurück, und als er wieder an seinen Platz gelegt wurde, leuchtete der Wald in strahlenden Farben!

Ein neuer Freund

Von diesem Tag an waren Leo, Bella, Max, Trixi und der Drache beste Freunde. Gemeinsam erlebten sie viele weitere Abenteuer im Zauberwald – voller Lachen, Freude und bunter Farben.

Der Drache fühlte sich zum ersten Mal seit langer Zeit nicht mehr einsam. Bellas Gesang hatte ihm das Herz geöffnet und ihm gezeigt, dass es möglich war, Teil einer Gemeinschaft zu sein.

So wurde Bellas Gesang nicht nur zum Schlüssel für das Herz des Drachen, sondern auch zum Symbol für Freundschaft im Zauberwald. Von diesem Tag an sang Bella oft für alle ihre Freunde – ob es nun um Freude oder Trost ging – denn sie wusste jetzt: Musik kann Brücken bauen und Herzen verbinden!

Und so lebten sie glücklich bis ans Ende ihrer Tage!

Ende

Die Freunde im Zauberwald

DER KLEINE ASTRONAUT

Ein großer Traum

Es war einmal ein kleiner Junge namens Tim, der in einem kleinen Dorf lebte. Jede Nacht schaute er zum Himmel und bewunderte die funkelnden Sterne. „Eines Tages werde ich Astronaut!", träumte Tim laut und stellte sich vor, wie er durch das Universum reisen würde.

Die geheimnisvolle Rakete

Eines Nachts, als Tim in seinem Bett lag und von den Sternen träumte, hörte er ein seltsames Geräusch. Neugierig sprang er auf und schaute aus dem Fenster. Dort stand eine glänzende Rakete, die im Mondlicht schimmerte! „Wow!", rief Tim begeistert. „Das ist meine Chance!"

Der Start ins Abenteuer

Tim zog schnell seine Schuhe an und rannte zur Rakete. Als er eintrat, sah er einen großen roten Knopf mit der Aufschrift „Start". Ohne zu zögern drückte er den Knopf, und die Rakete begann zu vibrieren. „Jetzt geht's los!", rief Tim fröhlich, während die Rakete in den Himmel schoss.

Der erste Planet – Plüschia

Nach einer aufregenden Reise landete Tim auf dem ersten Planeten namens Plüschia. Alles hier war weich und kuschelig! Die Bäume waren aus Watte, und die Blumen sahen aus wie große Kissen. Plüschia war ein ganz besonderer Planet, der wie aus einem Traum zu stammen schien. Die gesamte Landschaft war mit weichen, plüschigen Materialien bedeckt, die in allen Farben des Regenbogens leuchteten. Die Bäume hatten dicke, flauschige Stämme und ihre Blätter waren wie große Kissen geformt. Wenn der Wind wehte, hörte man ein sanftes Rascheln, das klang wie das Lachen von Kindern.

Die Bewohner von Plüschia

Die Bewohner von Plüschia waren ebenso einzigartig wie ihr Planet. Sie waren kleine, pelzige Wesen mit großen, strahlenden Augen und langen Ohren. Jedes dieser Wesen hatte eine eigene Farbe – einige waren rosa, andere blau oder gelb. Sie lebten in kleinen Hütten aus weichem Material und hatten immer ein Lächeln auf den Lippen.

Fluffi war eines dieser Wesen. Er war ein kleiner, weißer Plüschfreund mit einem runden Bauch und einem fröhlichen Gesicht. Seine Ohren waren lang und wackelten lustig, wenn er sich bewegte. Fluffi hatte eine besondere Gabe: Er konnte die Gefühle anderer spüren und wusste immer genau, wann jemand traurig oder glücklich war.

Ein Tag voller Abenteuer

Als Tim auf Plüschia ankam und Fluffi traf, fühlte er sich sofort wohl. Fluffi begrüßte ihn mit offenen Armen: „Willkommen auf Plüschia! Hier ist alles weich und freundlich!"

„Es ist so schön hier!", rief Tim begeistert. „Was können wir zusammen machen?"

Fluffi überlegte kurz und sagte dann: „Lass uns einen Tag voller Abenteuer erleben! Wir können im Wolkenkissenpark spielen oder die bunten Blumen besuchen!"

Der Wolkenkissenpark

Zuerst führte Fluffi Tim zum Wolkenkissenpark. Dort sprangen sie auf riesigen Kissen aus Watte und hüpften von einer Wolke zur nächsten. Es machte so viel Spaß! Jedes Mal, wenn sie landeten, gab es ein sanftes „Puff!" und sie lachten laut.

„Hier kann man einfach nicht traurig sein!", rief Tim fröhlich.

Fluffi nickte zustimmend. „Das ist das Geheimnis von Plüschia – wir helfen uns gegenseitig, um glücklich zu sein."

Die bunten Blumen

Nach dem Spielen im Park gingen sie zu den bunten Blumenfeldern. Die Blumen hier waren nicht nur schön anzusehen; sie hatten auch besondere Fähigkeiten! Einige Blumen konnten singen, während andere leuchtende Farben abgaben.

„Schau mal!", rief Fluffi und zeigte auf eine große blaue Blume. Als Tim näher kam, begann die Blume zu singen: „La la la! Willkommen in unserem Land!"

Tim klatschte begeistert in die Hände. „Das ist ja fantastisch!"

Freundschaft lernen

Während ihres Abenteuers erzählte Fluffi Tim viele Geschichten über Freundschaft und Zusammenhalt. „Hier in Plüschia helfen wir uns gegenseitig", erklärte er. „Wenn jemand traurig ist oder Hilfe braucht, sind wir immer füreinander da."

Tim dachte darüber nach und erkannte, dass diese Lektionen wichtig waren – nicht nur für Plüschia, sondern auch für seine Freunde auf der Erde.

Ein unvergesslicher Abschied

Als der Tag zu Ende ging und die Sonne hinter den plüschigen Hügeln verschwand, wusste Tim, dass es Zeit war weiterzureisen. Er umarmte Fluffi fest: „Danke für diesen wunderbaren Tag! Ich werde nie vergessen, was ich hier gelernt habe."

Fluffis Augen funkelten vor Freude. „Komm jederzeit wieder! Und vergiss nicht: Freundschaft macht alles schöner!"

Mit einem letzten Blick zurück auf den zauberhaften Planeten Plüschia stieg Tim in seine Rakete und setzte seine Reise fort – aber das Lächeln von Fluffi und die Lektionen über Freundschaft würden ihn für immer begleiten.

Der zweite Planet – Wasseria

Nach einem herzlichen Abschied von Fluffi stieg Tim wieder in seine Rakete und flog weiter zum nächsten Planeten – Wasseria. Hier war alles blau und glitzernd! Riesige Wasserfälle fielen in kristallklare Seen, und überall schwammen bunte Fische.

Wasseria war ein faszinierender Planet, der fast vollständig von glitzerndem Wasser bedeckt war. Die Luft war frisch und salzig, und überall um Tim herum schimmerten die Wellen in den schönsten Blautönen. Riesige Wasserfälle stürzten von hohen Klippen ins Meer, während bunte Korallenriffe wie unterwasserische Regenwälder leuchteten.

Die Unterwasserwelt

Als Tim auf Wasseria ankam, fühlte er sich sofort von der Schönheit des Planeten angezogen. Die Sonne strahlte hell am Himmel und ließ das Wasser funkeln, als ob Millionen von

Diamanten darin schwammen. Überall um ihn herum tummelten sich Fische in allen Farben – von leuchtendem Orange bis hin zu tiefem Blau.

Mira, die Meerjungfrau, lebte in einer wunderschönen Muschelstadt, die tief im Ozean verborgen war. Ihre lange, schimmernde Schwanzflosse glitzerte im Licht der Sonne, und ihr Haar war wie ein Wasserfall aus bunten Algen.

Die Begegnung mit Mira

Als Tim das Ufer erreichte, tauchte Mira plötzlich aus dem Wasser auf. „Hallo! Ich bin Mira! Willkommen auf Wasseria!" Sie lächelte freundlich und winkte mit ihrer Hand.

„Wow! Du bist eine echte Meerjungfrau!", rief Tim begeistert. „Es ist so schön hier!"

Mira lachte fröhlich. „Danke! Komm mit mir! Ich zeige dir unsere Unterwasserwelt!"

Ein Tauchgang ins Abenteuer

Tim zog seine Schwimmflossen an und sprang ins kühle Wasser. Mira führte ihn durch die bunten Korallenriffe, wo sie mit den Fischen spielten und die verschiedenen Meeresbewohner entdeckten. Sie sahen Seesterne, die wie kleine Sonnenstrahlen leuchteten, und Quallen, die sanft durch das Wasser schwebten.

„Hier gibt es so viel Leben!", staunte Tim. „Wie viele verschiedene Arten gibt es hier?"

Mira nickte stolz. „Unzählige! Jeder hat seinen Platz im Ökosystem des Meeres. Wir müssen darauf achten, dass wir unsere Heimat schützen."

Die Bedeutung des Schutzes

Während sie durch die Unterwasserwelt schwammen, erklärte Mira Tim die Wichtigkeit des Umweltschutzes. „Wenn wir nicht aufpassen, können unsere schönen Riffe und Tiere in Gefahr geraten", sagte sie ernsthaft. „Deshalb arbeiten wir zusammen, um unser Zuhause sauber zu halten."

Tim hörte aufmerksam zu und verstand nun besser, wie wichtig es war, auch auf der Erde für die Natur zu sorgen.

Ein Fest unter dem Meer

Nach einem aufregenden Tag voller Entdeckungen luden Mira und ihre Freunde Tim zu einem Fest in der Muschelstadt ein. Die Stadt war atemberaubend – große Muscheln dienten als Häuser, und überall hingen Lichter aus Algen.

Die Bewohner von Wasseria feierten mit Musik und Tanz. Es gab köstliche Leckereien aus Algen und Früchten des Meeres. Tim fühlte sich wie ein Teil dieser wunderbaren Gemeinschaft.

Freundschaft über Grenzen hinweg

Während des Festes sprach Mira über Freundschaft: „Egal woher wir kommen oder wie unterschiedlich wir sind – Freundschaft verbindet uns alle."

Tim nickte zustimmend: „Ich habe so viele neue Freunde gefunden – sowohl hier als auch auf Plüschia!"

Der Abschied von Wasseria

Als der Abend dämmerte und die Sterne am Himmel funkelten, wusste Tim, dass es Zeit war weiterzureisen. Er umarmte Mira fest: „Danke für alles! Ich werde nie vergessen, was ich hier gelernt habe."

Mira lächelte traurig aber glücklich zugleich: „Komm jederzeit zurück! Und vergiss nicht: Die Freundschaft zwischen unseren Welten ist etwas ganz Besonderes."

Mit einem letzten Blick auf das glitzernde Wasser stieg Tim in seine Rakete und setzte seine Reise fort – aber das Lächeln von Mira und die Lektionen über den Schutz der Natur würden ihn für immer begleiten.

Der dritte Planet – Feuerland

Nach einem herzlichen Abschied von Mira flog Tim weiter zu Feuerland, einem Planeten voller Vulkane und glühender Lava. Feuerland war ein aufregender Planet, der von glühenden Vulkanen und leuchtenden Lavaflüssen geprägt war. Die Luft war warm und duftete nach frischem Erdreich und rauchigen Aromen. Überall um Tim herum zischten kleine Geysire, die dampfende Wasserfontänen in die Luft schleuderten, während die Landschaft in leuchtenden Rottönen, Orangen und Gelbtönen erstrahlte.

Die Ankunft auf Feuerland

Als Tim mit seiner Rakete auf Feuerland landete, spürte er sofort die Hitze des Planeten. „Wow! Es ist hier ganz schön warm!", rief er begeistert. Er sah sich um und entdeckte einen kleinen Drachen, der fröhlich um einen Vulkan flog. Der Drache hatte schillernde Schuppen, die im Sonnenlicht funkelten – sie waren rot, orange und gelb wie das Feuer selbst.

Die Begegnung mit Blaze

Hier traf er einen kleinen Drachen namens Blaze. Blaze war mutig und verspielt. Der kleine Drache bemerkte Tim und landete sanft vor ihm. „Hallo! Ich bin Blaze! Willkommen auf Feuerland!" Seine Stimme klang freundlich und einladend.

„Ich bin Tim! Es ist so aufregend hier!", antwortete Tim mit einem breiten Lächeln.

Blaze grinste zurück. „Komm mit mir! Ich zeige dir alles über meinen Planeten!"

Ein Flug über Feuerland

Tim kletterte auf Blazes Rücken, und der kleine Drache hob ab in den Himmel. Sie flogen über glühende Lavaflüsse und sprudelnde Geysire. Von oben sah alles noch beeindruckender aus – die Landschaft wirkte wie ein riesiges Gemälde aus Farben und Licht.

„Hier gibt es viele Abenteuer zu erleben!", rief Blaze begeistert. „Wir können den höchsten Vulkan besteigen oder die geheimen Höhlen erkunden!"

Mut zeigen

Während ihres Abenteuers erzählte Blaze Tim von den Herausforderungen, die er als kleiner Drache überwinden musste. „Manchmal habe ich Angst, wenn ich hoch fliegen oder durch enge Höhlen kriechen muss", gestand Blaze. „Aber ich habe gelernt, dass Mut nicht bedeutet, keine Angst zu haben – sondern trotz der Angst weiterzumachen."

Tim dachte darüber nach und fühlte sich inspiriert. „Das stimmt! Auch ich habe manchmal Angst, aber ich möchte mutig sein wie du!"

Die geheimen Höhlen

Nach dem aufregenden Flug landeten sie vor einer geheimnisvollen Höhle, die in den Berg führte. „Das ist eine meiner Lieblingsstellen!", sagte Blaze aufgeregt. „In dieser Höhle gibt es funkelnde Kristalle und versteckte Schätze."

Gemeinsam betraten sie die Höhle, und Tim staunte über die Schönheit der glitzernden Kristalle an den Wänden. Plötzlich hörten sie ein leises Geräusch – es klang wie das Weinen eines kleinen Tieres.

Einem verletzten Tier helfen

Neugierig folgten sie dem Geräusch und fanden ein kleines Wesen mit einem verletzten Flügel – es war ein Feuervogel! Blaze kniete sich neben das Tier: „Oh nein! Wir müssen ihm helfen!"

Tim erinnerte sich an das, was Mira ihm über Teamarbeit beigebracht hatte: „Lass uns gemeinsam etwas tun!" Sie suchten nach Kräutern in der Höhle, um dem Vogel zu helfen.

Mit viel Geduld verbanden sie den Flügel des Feuervogels. Nach einer Weile begann das Tier wieder zu zwitschern und flatterte dankbar mit seinen anderen Flügeln.

Freundschaft zwischen verschiedenen Lebensformen

„Danke für eure Hilfe!", piepste der Feuervogel glücklich. „Ihr seid wahre Freunde!"

Blaze strahlte vor Freude: „Siehst du? Wenn wir zusammenarbeiten, können wir große Dinge erreichen!"

Tim nickte zustimmend: „Ja! Freundschaft macht uns stark!"

Der Abschied von Feuerland

Als der Tag zur Neige ging und die Sonne hinter den Vulkanen verschwand, wusste Tim, dass es Zeit war weiterzureisen. Er umarmte Blaze fest: „Danke für all die Abenteuer! Ich werde nie vergessen, was ich hier gelernt habe."

Blaze lächelte stolz: „Komm jederzeit zurück! Und vergiss nicht: Mut ist wichtig – aber Freundschaft ist das größte Abenteuer von allen."

Mit einem letzten Blick auf den glühenden Planeten stieg Tim in seine Rakete und setzte seine Reise fort – aber das Lächeln von Blaze und die Lektionen über Mut und Freundschaft würden ihn für immer begleiten.

Der vierte Planet – Pflanzenia

Nach dem aufregenden Flug landete Tim schließlich auf Pflanzenia, einem Planeten voller riesiger Pflanzen und Blumen in allen Farben des Regenbogens.

Pflanzenia war ein zauberhafter Planet, der von üppigen Wäldern, bunten Blumenwiesen und majestätischen Pflanzen geprägt war. Die Luft war frisch und duftete nach Erde und Blüten. Überall um Tim herum wuchsen riesige Bäume mit dicken, grünen Blättern, die wie große Schirme schützten. In den Wiesen blühten Blumen in allen Farben des Regenbogens, und das sanfte Summen von Insekten erfüllte die Luft.

Die Ankunft auf Pflanzenia

Als Tim mit seiner Rakete auf Pflanzenia landete, fühlte er sich sofort von der Schönheit des Planeten angezogen. Er sah sich um und entdeckte eine große, alte Pflanze mit einem dicken Stamm und einer Krone aus leuchtenden Blüten. Diese Pflanze strahlte eine Aura der Weisheit aus.

Die Begegnung mit Flora

„Willkommen, junger Reisender!", ertönte eine sanfte Stimme. Es war Flora, die alte kluge Pflanze. Ihre Blätter bewegten sich leicht im Wind, als sie zu Tim sprach. „Ich bin Flora, die Hüterin dieses Planeten."

„Hallo! Ich bin Tim! Es ist so schön hier!", antwortete Tim begeistert.

Flora lächelte weise. „Ja, Pflanzenia ist ein Ort voller Wunder. Möchtest du mehr über meine Welt erfahren?"

Die Geheimnisse der Natur

Flora begann, Tim durch den Wald zu führen. Sie erklärte ihm die verschiedenen Pflanzenarten und deren Bedeutung für das Ökosystem: „Jede Pflanze hat ihren Platz in diesem großen Gefüge. Wir geben Sauerstoff ab, bieten Nahrung für Tiere und helfen dabei, den Boden fruchtbar zu halten."

Tim hörte aufmerksam zu und stellte viele Fragen: „Wie können wir Menschen helfen, die Natur zu schützen?"

Flora nickte zustimmend: „Das ist eine wichtige Frage! Indem wir respektvoll mit unserer Umwelt umgehen und uns um sie kümmern, können wir sicherstellen, dass zukünftige Generationen auch in einer schönen Welt leben können."

Die magische Blütenzeremonie

Nach ihrem Spaziergang erreichten sie eine Lichtung voller bunter Blumen. „Hier findet einmal im Jahr die magische Blütenzeremonie statt", erklärte Flora. „Alle Pflanzen kommen zusammen, um ihre Farben zu feiern und ihre Geschichten zu teilen."

Tim beobachtete fasziniert, wie die Blumen sich öffneten und ihre leuchtenden Farben zeigten. Plötzlich begannen sie zu singen – es war ein wunderschöner Gesang über das Leben und die Verbundenheit aller Lebewesen.

„Es ist so schön!", rief Tim begeistert. „Ich habe noch nie etwas Vergleichbares gehört!"

Die Weisheit der alten Pflanzen

Während sie auf der Lichtung verweilten, fragte Tim Flora nach ihrer eigenen Geschichte: „Wie bist du so weise geworden?"

Flora lächelte sanft: „Weisheit kommt mit der Zeit und den Erfahrungen des Lebens. Ich habe viele Jahreszeiten gesehen – Stürme überstanden und Sonnenstrahlen genossen. Jede Erfahrung hat mich gelehrt, geduldig zu sein und das Leben in all seinen Facetten zu schätzen."

Tim dachte darüber nach und erkannte, dass auch er viel lernen konnte – nicht nur von Flora, sondern von allem um ihn herum.

Ein unvergesslicher Abschied

Als der Tag zur Neige ging und die Sonne hinter den Bäumen verschwand, wusste Tim, dass es Zeit war weiterzureisen. Er umarmte Flora sanft: „Danke für all deine Weisheiten! Ich werde nie vergessen, was ich hier gelernt habe."

Flora lächelte weise: „Komm jederzeit zurück! Und vergiss nicht: Die Natur hat viel zu lehren – sei immer offen für ihre Botschaften."

Mit einem letzten Blick auf den wunderschönen Planeten stieg Tim in seine Rakete und setzte seine Reise fort in Richtung Erde – aber das Lächeln von Flora und die Lektionen über Respekt vor der Natur würden ihn für immer begleiten.

Rückkehr zur Erde

Nachdem Tim so viel gelernt hatte über Freundschaft, Teamarbeit, Mut und den Schutz der Natur, wusste er, dass es Zeit war zurückzukehren. Er verabschiedete sich von seinen neuen Freunden mit einem versprochenen Lächeln – sie würden immer in seinem Herzen bleiben.

Ein neuer Anfang

Als die Rakete wieder sicher auf der Erde landete, fühlte sich Tim verändert. Er wusste jetzt nicht nur mehr über das Universum, sondern auch über das Leben selbst. Von diesem Tag an wollte er nicht nur Astronaut werden; er wollte auch ein Freund für alle sein!

Und so lebte der kleine Astronaut glücklich weiter mit seinen Träumen vom Universum – bereit für neue Abenteuer!

Ende

Der kleine Astronaut

DIE GESCHICHTEN DER ALTEN PUPPEN

Der geheimnisvolle Spielzeugladen

In einer kleinen Stadt, in der die Sonne immer freundlich schien und die Vögel fröhlich sangen, gab es einen ganz besonderen Spielzeugladen. Der Laden war voll mit bunten Spielsachen, aber das Besondere waren die alten Puppen, die in einer Ecke des Ladens standen. Sie hatten wunderschöne Kleider und strahlende Augen, die voller Geschichten waren.

Die magische Mitternacht

Jede Nacht, wenn der Laden schloss und die Lichter ausgingen, geschah etwas Magisches. Die alten Puppen erwachten zum Leben! Sie setzten sich im Kreis auf den Boden und begannen zu plaudern. „Lasst uns unsere Geschichten erzählen!", rief eine Puppe mit einem roten Kleid und blonden Zöpfen. Ihr Name war Lila.

Lilas Geschichte – Die Freundschaft mit dem Teddybär

Lila begann ihre Geschichte: „Ich erinnere mich an einen kleinen Jungen namens Max. Er hatte einen großen, kuscheligen Teddybär namens Bruno. Eines Tages verlor Max seinen Teddybär im Park. Er weinte so sehr! Ich wollte ihm helfen, also bat ich die anderen Spielsachen um Hilfe."

„Was habt ihr gemacht?", fragte eine andere Puppe neugierig.

„Wir haben uns zusammengetan! Die Autos fuhren schnell durch den Park, während die Plüschtiere nach Bruno suchten.

Schließlich fanden wir ihn unter einer Bank! Max war überglücklich und umarmte uns alle!"

Die Geschichte von Timmy – Der mutige Holzsoldat

Als Lila fertig war, meldete sich ein kleiner Holzsoldat namens Timmy. „Ich habe auch eine Geschichte! Es war einmal ein großer Sturm in der Stadt. Alle Kinder hatten Angst, aber ich wusste, dass ich helfen musste."

„Wie hast du das gemacht?", fragte eine Puppe mit einem blauen Kleid.

„Ich stellte mich vor das Fenster und rief den Kindern zu: ‚Habt keine Angst! Der Sturm wird vorbeigehen!' Ich ermutigte sie, zusammen zu singen und zu tanzen. Bald fühlten sie sich besser und lachten wieder!"

Die Abenteuer von Bella – Die Reisepuppe

Jetzt war Bella an der Reihe, eine Puppe mit langen braunen Haaren und einem bunten Kleid. „Ich bin einmal um die Welt gereist! Ein kleines Mädchen namens Mia nahm mich mit auf ihren Reisen."

„Wohin seid ihr gegangen?", fragte Timmy gespannt.

„Wir besuchten viele Länder! In Italien aßen wir Pizza und tanzten unter dem Sternenhimmel. In Japan sahen wir Kirschblüten blühen und lernten Origami! Jede Reise brachte neue Freunde und Abenteuer!"

Omas alte Puppe – Die Weisheit der Jahre

Eine ältere Puppe mit silbernem Haar meldete sich zu Wort. „Ich bin Oma Pippa. Ich habe viele Jahre erlebt und viele Geschichten gehört."

„Erzähl uns eine davon!", rief Lila begeistert.

„Es gab einmal ein kleines Mädchen namens Sophie, das nicht gut zeichnen konnte. Sie wollte so gerne malen wie ihre Freunde. Aber anstatt aufzugeben, übte sie jeden Tag. Schließlich malte sie ein wunderschönes Bild von ihrer Familie – es wurde sogar in der Schule ausgestellt!"

Die Herausforderung von Max – Der zerbrochene Arm

Max, ein kleiner Junge mit einem zerbrochenen Arm aus Porzellan, erzählte seine Geschichte: „Eines Tages fiel ich vom Tisch und brach mir den Arm. Ich dachte, niemand würde mich mehr lieben können."

„Oh nein! Was ist passiert?", fragte Bella besorgt.

„Die Kinder im Laden reparierten mich mit viel Liebe und Sorgfalt. Sie lernten dabei auch etwas über Geduld und Fürsorge – am Ende fühlte ich mich stärker als je zuvor!"

Das Geheimnis von Rosie – Die Puppenküche

Rosie, eine Puppe mit einer kleinen Schürze, lächelte geheimnisvoll. „Ich habe ein Geheimnis über meine Puppenküche! Eines Nachts kam ein hungriger kleiner Maulwurf vorbei."

„Was hast du getan?", fragte Timmy neugierig.

„Ich backte für ihn Kekse! Wir hatten so viel Spaß beim Kochen zusammen – er erzählte mir Geschichten über seine Abenteuer im Garten!"

Gemeinsam stark – Die Kraft der Freundschaft

Die Puppen schauten sich an und lächelten. „Freundschaft macht alles möglich", sagte Lila nachdenklich.

Timmy nickte zustimmend: „Ja! Egal wie schwierig es wird oder welche Herausforderungen wir haben – wenn wir zusammenhalten, können wir alles schaffen!"

Ein neuer Tag bricht an

Plötzlich hörten sie das Geräusch des Ladenschlüssels in der Tür. Es war Zeit für die Puppen zurückzukehren!

„Wir müssen unsere Geschichten für morgen aufbewahren", sagte Bella traurig.

Oma Pippa lächelte weise: „Aber denkt daran – jede Nacht bringt neue Abenteuer und neue Geschichten."

Ein Versprechen für morgen

Bevor die Puppen wieder still wurden, versprachen sie sich gegenseitig, am nächsten Abend wieder zusammenzukommen und noch mehr Geschichten zu erzählen.

„Und vielleicht werden wir eines Tages auch von den Abenteuern unserer neuen Freunde erzählen können", flüsterte Lila hoffnungsvoll.

Der Zauber des Spielzeugladens

Als der Morgen dämmerte und die ersten Sonnenstrahlen durch das Fenster schienen, waren die Puppen wieder still in ihren Regalen platziert worden. Doch tief in ihren Herzen wussten sie, dass ihre Geschichten lebendig bleiben würden – bereit für jedes Kind, das den Laden betrat.

Ein neues Kind im Laden

Eines Tages kam ein neues Kind in den Laden – ein kleines Mädchen namens Emma. Als sie die Puppen sah, leuchteten ihre Augen vor Freude.

„Hallo kleine Puppen! Ich bin Emma!" rief sie begeistert.

Die alten Puppen lächelten sich an; vielleicht würde Emma bald Teil ihrer magischen Welt werden!

Eine neue Geschichte beginnt

Emma nahm Lila in ihre Hände und flüsterte: „Erzähl mir deine Geschichte!" Und so begann für die alten Puppen ein neues Kapitel voller Abenteuer und Freundschaften mit jedem neuen Kind im Spielzeugladen.

Das Ende… oder doch nicht?

Und so lebten die alten Puppen weiter in ihrem geheimnisvollen Spielzeugladen – bereit für jede Nacht voller Geschichten über Freundschaft, Abenteuer und das Überwinden von Schwierigkeiten… denn jede Nacht brachte neue Möglichkeiten!

Ende

Die Geschichten der alten Puppen

DIE FLÜSTERNDEN BÄUME

Der geheimnisvolle Wald

In einem kleinen Dorf, umgeben von sanften Hügeln und glitzernden Bächen, gab es einen geheimnisvollen Wald. Die Dorfbewohner sagten, dass die Bäume dort flüstern konnten, wenn der Wind durch ihre Blätter strich. Eines Tages beschloss ein neugieriges Kind namens Mia, den Wald zu erkunden.

Mias Abenteuer beginnt

Mia packte ihren Rucksack mit einem Notizbuch, einem Bleistift und ein paar Snacks. „Ich werde die Geheimnisse des Waldes entdecken!", rief sie fröhlich und machte sich auf den Weg. Als sie den Wald betrat, fühlte sie sich sofort von der Magie umgeben.

Der erste Baum – Ein alter Eichenbaum

Nach einer Weile entdeckte Mia einen riesigen alten Eichenbaum. Seine Äste breiteten sich weit aus und seine Rinde war rau und knorrig. Neugierig trat Mia näher. Plötzlich hörte sie ein sanftes Flüstern: „Hallo, kleines Mädchen."

„Wer spricht da?", fragte Mia erstaunt.

„Ich bin Edgar, der alte Eichenbaum. Ich habe viele Geschichten zu erzählen", antwortete der Baum mit einer tiefen Stimme.

Die Geschichte des Waldes

Mia setzte sich an die Wurzel des Baumes und lauschte gespannt. „Vor vielen Jahren war dieser Wald voller Leben", begann Edgar. „Die Tiere lebten in Harmonie mit den Pflanzen. Die Vögel sangen Lieder, während die Blumen blühten."

„Was ist passiert?", fragte Mia neugierig.

„Die Menschen haben manchmal vergessen, wie wichtig es ist, die Natur zu respektieren", seufzte Edgar. „Aber es gibt Hoffnung!"

Die Geschichte der Blumen

Edgar erzählte weiter: „Wusstest du, dass jede Blume eine besondere Bedeutung hat? Die Sonnenblumen folgen immer der Sonne und bringen Freude!"

Mia kritzelte eifrig in ihr Notizbuch. „Und was ist mit den anderen Blumen?"

„Die Rosen stehen für Liebe und Freundschaft, während die Veilchen für Bescheidenheit stehen", erklärte Edgar.

Die Tiere des Waldes

„Was ist mit den Tieren?", fragte Mia aufgeregt.

„Ah, die Tiere sind unsere Freunde!", sagte Edgar stolz. „Die Rehe sind sanftmütig und helfen dabei, das Gleichgewicht im Wald zu halten. Und die Eichhörnchen sammeln Nüsse – sie sind sehr fleißig!"

Mia stellte sich vor, wie die Rehe durch den Wald sprangen und die Eichhörnchen fröhlich herumtollten.

Der schlaue Fuchs

Edgar fuhr fort: „Es gibt auch einen schlauen Fuchs hier im Wald. Er heißt Felix und kennt alle Geheimnisse des Waldes."

„Kann ich ihn treffen?", fragte Mia begeistert.

„Vielleicht kannst du ihn finden! Achte auf seine roten Haare und seinen schelmischen Blick", antwortete Edgar mit einem Lächeln in seiner Stimme.

Auf der Suche nach Felix

Mia stand auf und machte sich auf die Suche nach Felix dem Fuchs. Sie wanderte tiefer in den Wald hinein und rief: „Felix! Wo bist du?"

Plötzlich sprang ein roter Schatten hinter einem Baum hervor – es war Felix!

Felix erzählt von seinen Abenteuern

„Hallo! Du hast mich gefunden! Was möchtest du wissen?", fragte Felix mit einer frechen Stimme.

Mia erzählte ihm von Edgars Geschichten über die Blumen und Tiere des Waldes. Felix nickte zustimmend: „Ja, wir müssen gut auf unsere Freunde achten! Wenn wir nicht respektvoll sind, verlieren wir unsere Heimat."

Die Bedeutung des Wassers

Felix führte Mia zu einem klaren Bach. „Wasser ist lebenswichtig für alle Lebewesen im Wald", erklärte er. „Ohne Wasser können Pflanzen nicht wachsen und Tiere nicht leben."

Mia beobachtete das glitzernde Wasser und dachte darüber nach, wie wichtig es war, es sauber zu halten.

Der schützende Regenbogen

Felix zeigte auf einen wunderschönen Regenbogen am Himmel. „Siehst du das? Der Regenbogen erinnert uns daran, dass nach jedem Sturm wieder Frieden kommt."

Mia lächelte. „Das ist schön!"

Rückkehr zu Edgar

Nachdem sie viele Abenteuer erlebt hatten, kehrte Mia zu Edgar zurück. Sie wollte ihm alles erzählen!

„Ich habe Felix getroffen! Er hat mir so viel über das Wasser beigebracht!" rief sie begeistert.

Edgar nickte weise: „Das ist wunderbar! Es ist wichtig, dass du all diese Geschichten teilst – so lernen auch andere Kinder den Wert der Natur kennen."

Mias Versprechen

Mia schaute zum Himmel und versprach laut: „Ich werde dafür sorgen, dass meine Freunde die Natur respektieren! Wir werden Müll aufsammeln und darauf achten, dass wir keine Pflanzen oder Tiere verletzen."

Edgar lächelte stolz: „Das ist eine großartige Entscheidung! Jeder kleine Schritt zählt."

Abschied vom Wald

Als die Sonne unterging und der Himmel in warmen Farben leuchtete, wusste Mia, dass es Zeit war zurückzukehren. Sie umarmte Edgar sanft und sagte: „Danke für all deine Geschichten! Ich werde sie nie vergessen."

„Komm jederzeit zurück! Der Wald wird immer hier sein", flüsterte Edgar liebevoll.

Ein neuer Anfang

Auf dem Heimweg dachte Mia an all das Gelernte nach – über Freundschaft zwischen Mensch und Natur sowie über Respekt vor allem Lebendigen. Als sie ins Dorf zurückkehrte, wusste sie genau, dass sie ihre neuen Freunde im Wald nie vergessen würde.

Von diesem Tag an wurde Mia zur Botschafterin der Natur – bereit ihre Geschichten zu teilen und andere dazu zu inspirieren, gut zur Umwelt zu sein!

Ende

Die flüsternden Bäume

DER KLEINE ZAUBERER UND SEIN HUT

Der kleine Zauberer

In einem kleinen, bunten Dorf lebte ein kleiner Zauberer namens Leo. Leo war nicht sehr groß, aber er hatte einen ganz besonderen Hut – einen magischen Zauberhut! Dieser Hut war nicht nur schick, sondern half Leo auch dabei, die erstaunlichsten Zaubertricks zu lernen.

Der Beginn eines Abenteuers

Eines Morgens beschloss Leo, dass es an der Zeit war, einen neuen Zaubertrick zu lernen. „Ich werde heute den Trick mit dem verschwundenen Ball lernen!", rief er begeistert und setzte seinen Hut auf. Der Hut begann sofort zu leuchten und flüsterte: „Lass uns anfangen!"

Der verschwundene Ball

Leo nahm einen roten Ball aus seiner Tasche und stellte sich vor den großen Spiegel in seinem Zimmer. „Okay, lieber Hut, wie funktioniert dieser Trick?"

„Du musst den Ball in deiner Hand verstecken und dann mit einem Zauberspruch sagen: ‚Hokus Pokus, Ball sei weg!'", erklärte der Hut.

Der erste Versuch

Leo atmete tief ein und versuchte es. Er hielt den Ball in seiner Hand und rief: „Hokus Pokus, Ball sei weg!" Doch als er seine Hand öffnete, war der Ball immer noch da!

„Hmm… vielleicht muss ich es lauter sagen!", dachte Leo und versuchte es erneut. Aber wieder passierte nichts.

Ein hilfreicher Freund

Gerade als Leo frustriert war, klopfte es an der Tür. Es war seine beste Freundin Mia. „Was machst du da, Leo?", fragte sie neugierig.

„Ich versuche, einen neuen Zaubertrick zu lernen, aber es klappt nicht", seufzte Leo.

Mia lächelte. „Vielleicht kann ich dir helfen! Lass mich sehen."

Teamarbeit

Leo zeigte Mia den roten Ball und erklärte den Trick. Gemeinsam überlegten sie sich eine neue Strategie. „Wie wäre es, wenn wir zusammen zählen? Vielleicht hilft das!", schlug Mia vor.

„Das ist eine großartige Idee! Lass uns das versuchen!", antwortete Leo begeistert.

Der zweite Versuch

Leo hielt den Ball wieder in seiner Hand und sagte laut: „Eins… zwei… drei… Hokus Pokus, Ball sei weg!" Als er seine Hand öffnete, war der Ball tatsächlich verschwunden!

„Wow! Es hat funktioniert!", rief Mia begeistert.

Die Rückkehr des Balls

Aber dann fiel Leo ein: „Wie bekomme ich ihn zurück?"

Der Hut flüsterte wieder: „Um den Ball zurückzubekommen, musst du sagen: ‚Hokus Pokus, Ball sei wieder da!'"

Leo folgte dem Rat des Hutes und rief: „Hokus Pokus, Ball sei wieder da!“ Und siehe da – der rote Ball erschien wieder in seiner Hand!

Ein neuer Trick wartet

Nach diesem Erfolg fühlte sich Leo mutig genug für einen weiteren Trick. „Jetzt möchte ich die Taube aus dem Hut zaubern!“, verkündete er.

„Das klingt spannend! Lass uns das ausprobieren!“, sagte Mia voller Vorfreude.

Die Taube im Hut

Leo setzte seinen magischen Hut auf und fragte ihn nach dem nächsten Schritt. Der Hut antwortete: „Du musst zuerst eine echte Taube finden.“

„Wo finde ich eine Taube?“, fragte Leo verwirrt.

Mia hatte eine Idee. „Lass uns zum Park gehen! Dort gibt es viele Vögel.“

Im Park

Im Park angekommen sahen sie viele Vögel umherfliegen. Nach einer Weile entdeckten sie eine hübsche weiße Taube auf einer Bank sitzen.

„Schau mal dort drüben!“, rief Mia aufgeregt.

Leo näherte sich vorsichtig der Taube und sprach sanft mit ihr. Die Taube ließ sich von ihm streicheln und sprang schließlich in seinen Hut.

Der große Moment

Jetzt war es Zeit für den großen Moment. Leo stellte sich vor die Leute im Park und rief laut: „Ich werde jetzt eine Taube aus meinem Hut zaubern!"

Er hob seinen Hut hoch und rief mit aller Kraft: „Hokus Pokus, Taube sei hier!"

Als er den Hut abnahm, flatterte die Taube heraus und flog fröhlich in die Luft!

Applaus für Leo

Die Menschen im Park klatschten begeistert Beifall. Mia jubelte laut: „Du hast es geschafft, Leo! Du bist ein echter Zauberer!"

Leo strahlte vor Freude. Sein Herz hüpfte vor Glück – er hatte zwei Tricks gelernt!

Ein weiteres Abenteuer

Nach diesem aufregenden Tag wollte Leo noch mehr lernen. Er schaute auf seinen magischen Hut und fragte neugierig: „Was sollen wir als Nächstes machen?"

Der Hut leuchtete erneut auf und flüsterte geheimnisvoll: „Wie wäre es mit dem Trick des schwebenden Besens?"

Mia kicherte vor Aufregung. „Das klingt fantastisch! Lass uns das ausprobieren!"

Ein neuer Zauber beginnt

Und so begaben sich Leo und Mia auf ein neues Abenteuer voller Magie und Spaß im kleinen Dorf – bereit für viele weitere Tricks mit ihrem magischen Zauberhut!

Ende

Der kleine Zauberer und sein Hut

DIE ABENTEUER DER KLEINEN KEKSBÄCKERIN

Die kleine Keksbäckerin

In einem kleinen, bunten Dorf lebte ein fröhliches Mädchen namens Emma. Emma liebte es zu backen, besonders Kekse! Eines Tages entdeckte sie in der alten Küchenschublade ihrer Großmutter ein geheimnisvolles Rezeptbuch. Auf dem Cover stand: „Die magischen Kekse – Wünsche erfüllen und Lektionen lernen."

Das geheime Rezept

Neugierig blätterte Emma durch das Buch und fand ein Rezept für die magischen Kekse. „Um diese Kekse zu backen, brauchst du nur ein paar besondere Zutaten", las sie laut vor. „Ein Lächeln, eine Prise Freundschaft und einen Hauch von Mut."

„Das klingt spannend!", rief Emma begeistert. Sie beschloss, sofort mit dem Backen zu beginnen.

Die ersten magischen Kekse

Emma sammelte die Zutaten und begann zu backen. Der Duft von frisch gebackenen Keksen erfüllte bald die ganze Küche. Als die Kekse fertig waren, sahen sie golden und knusprig aus.

„Ich kann es kaum erwarten, sie zu probieren!", sagte Emma und nahm einen Keks. Kaum hatte sie einen Bissen genommen, spürte sie ein leichtes Kribbeln in ihrem Bauch.

Der erste Wunsch

Plötzlich hörte sie eine kleine Stimme: „Hallo, Emma! Ich bin der Wunschgeist der Kekse!"

„Wunschgeist? Was bedeutet das?", fragte Emma erstaunt.

„Wenn du einen Keks isst und dabei an einen Wunsch denkst, wird er wahr! Aber sei vorsichtig – jeder Wunsch hat seine Konsequenzen!"

Ein Wunsch für den besten Freund

Emma überlegte kurz und dachte an ihren besten Freund Max, der sich immer ein neues Fahrrad wünschte. „Ich wünsche mir, dass Max ein neues Fahrrad bekommt!", rief sie und biss in den Keks.

Sofort erschien ein strahlendes neues Fahrrad vor ihr! Emma war überglücklich und konnte es kaum erwarten, Max zu überraschen.

Die Überraschung für Max

Als Max kam, sprang Emma aufgeregt auf ihn zu. „Schau mal, was ich für dich habe!" Sie zeigte ihm das neue Fahrrad.

Max' Augen leuchteten vor Freude. „Wow! Das ist ja fantastisch! Danke, Emma!" Doch als er auf das Fahrrad stieg und losfuhr, bemerkte er nicht, dass es viel schneller war als erwartet.

Ein unerwartetes Problem

Max fuhr so schnell, dass er die Kontrolle verlor und direkt in einen Baum raste! Zum Glück fiel er nicht schwer, aber das Fahrrad war kaputt.

„Oh nein! Es tut mir leid, Max! Ich wollte dir helfen", rief Emma besorgt.

Max schüttelte den Kopf. „Es ist nicht deine Schuld. Aber vielleicht sollten wir darüber nachdenken, was wir uns wünschen."

Eine wichtige Lektion

Emma nickte nachdenklich. „Du hast recht. Ich habe nicht an die Folgen gedacht."

Der Wunschgeist erschien wieder und sagte: „Jeder Wunsch hat seine Verantwortung. Manchmal ist es besser, Wünsche gemeinsam zu überlegen."

Ein neuer Wunsch

Emma wollte es besser machen. Diesmal dachte sie an etwas anderes. „Ich wünsche mir einen Garten voller Blumen für alle im Dorf!"

Sie biss in einen weiteren Keks und plötzlich blühten überall im Dorf wunderschöne Blumen!

Freude im Dorf

Die Dorfbewohner kamen heraus und bewunderten die bunten Blumenpracht. Alle waren glücklich und dankten Emma für ihre Idee.

„Das ist viel schöner als ein schnelles Fahrrad", sagte Max lächelnd.

Emma fühlte sich gut dabei – sie hatte etwas Gutes für alle getan!

Ein unerwarteter Besucher

Doch dann bemerkten sie etwas Seltsames – die Blumen wuchsen so schnell, dass sie bald den ganzen Platz überwucherten!

„Oh je! Jetzt können wir nicht mehr spielen oder laufen", klagte Max.

Emma wurde nervös. „Was sollen wir tun?"

Verantwortung übernehmen

Der Wunschgeist erschien erneut und erklärte: „Manchmal müssen wir auch lernen, unsere Wünsche zurückzunehmen oder anzupassen."

Emma überlegte kurz und sagte dann entschlossen: „Ich wünsche mir weniger Blumen – genug für alle Freude zu bringen, aber nicht so viele wie jetzt!"

Sie biss in einen weiteren Keks und schon bald waren die Blumen wieder in einem schönen Gleichgewicht.

Ein glückliches Ende

Die Dorfbewohner freuten sich über den schönen Garten ohne Überwucherung. Sie konnten wieder spielen und lachen!

„Danke dir, Emma! Du hast uns eine wertvolle Lektion beigebracht", sagte Max stolz.

Emma lächelte glücklich. Sie hatte gelernt, dass Wünsche Verantwortung mit sich bringen können.

Neue Abenteuer warten

Am nächsten Tag beschloss Emma erneut zu backen. Dieses Mal wollte sie etwas ganz Besonderes zaubern – vielleicht einen Keks für Mut oder Freundschaft!

Der Wunschgeist flüsterte ihr ins Ohr: „Jeder neue Keks bringt neue Abenteuer mit sich."

Die Zukunft der Keksbäckerin

Und so wurde Emma zur berühmten kleinen Keksbäckerin des Dorfes – immer bereit für neue Abenteuer mit ihren magischen Keksen und den wichtigen Lektionen des Lebens!

Der Wunschgeist der Kekse war ein kleiner, fröhlicher Geist, der in jedem magischen Keks lebte, den Emma backte. Er hatte die Form eines schimmernden, goldenen Sterns mit funkelnden Augen und einem breiten Lächeln. Sein Körper war leicht und durchscheinend, sodass man ihn manchmal nur im Licht der Sonne richtig sehen konnte. Wenn er sprach, klang seine Stimme wie das sanfte Klingen von Glöckchen.

Die Herkunft des Wunschgeistes

Der Wunschgeist war vor vielen Jahren entstanden, als eine große Bäckerin in einem weit entfernten Land einen besonderen Keks backte. Dieser Keks war so voller Liebe und Freude, dass er einen kleinen Teil ihrer Seele aufnahm und zum Leben erwachte. Von diesem Tag an erfüllte der Wunschgeist die Wünsche der Menschen, die die magischen Kekse aßen.

Die Regeln des Wünschens

Der Wunschgeist hatte einige wichtige Regeln, die er denjenigen erklärte, die seine Kekse aßen:

Überlege gut: Bevor du einen Wunsch äußerst, denke darüber nach, was du wirklich willst und welche Auswirkungen es haben könnte.

Gemeinschaft zählt: Wünsche sollten oft gemeinsam überlegt werden – so können sie für alle von Vorteil sein.

Verantwortung übernehmen: Jeder Wunsch hat Konsequenzen. Manchmal ist es besser, den Wunsch anzupassen oder zurückzunehmen.

Ein Freund für Emma

Als Emma den Wunschgeist zum ersten Mal traf, fühlte sie sich sofort zu ihm hingezogen. Er war nicht nur weise, sondern auch sehr lustig! Er erzählte ihr Witze und Geschichten aus seiner langen Zeit als Wunschgeist.

„Wusstest du", sagte er einmal mit einem schelmischen Grinsen, „dass ich einmal einem kleinen Jungen einen riesigen Schokoladenkeks gewünscht habe? Aber er konnte ihn nicht aufessen und musste ihn mit seinen Freunden teilen!"

Emma lachte herzlich über diese Geschichte und fand es toll, dass der Geist so viele Abenteuer erlebt hatte.

Der Wunschgeist hilft Emma

Immer wenn Emma einen neuen Keks backte und einen Wunsch äußerte, erschien der Wunschgeist sofort. Er half ihr dabei zu verstehen, was sie wirklich wollte und wie sie ihren Wunsch formulieren sollte.

„Denk daran", sagte er oft mit einem freundlichen Lächeln, „es ist wichtig zu wissen, dass Wünsche manchmal anders ausgehen können als erwartet."

Ein besonderer Tag

Eines Tages kam ein Mädchen namens Sophie zu Emma und bat um Hilfe. Sie wünschte sich eine neue Puppe. Der Wunschgeist erschien und sagte: „Emma, lass uns gemeinsam überlegen! Was könnte dieser Wunsch für Sophie bedeuten?"

Emma dachte nach und erkannte: „Vielleicht möchte Sophie nicht nur eine Puppe haben, sondern auch eine Freundin finden."

Sie entschlossen sich also zusammen einen Keks zu backen – diesmal für Freundschaft!

Die Kraft der Freundschaft

Als Sophie den Keks aß und an ihren Wunsch dachte – eine Freundin zu finden – geschah etwas Magisches! Plötzlich kam ein anderes Mädchen namens Mia vorbei und fragte Sophie, ob sie mit ihr spielen wolle.

„Das ist ja unglaublich!", rief Emma begeistert. Der Wunschgeist lächelte zufrieden. „Siehst du? Manchmal sind die besten Wünsche diejenigen, die andere glücklich machen."

Ein neuer Blick auf Wünsche

Mit jedem neuen Keks lernte Emma mehr über Verantwortung und die Bedeutung ihrer Entscheidungen. Der Wunschgeist wurde zu ihrem treuen Begleiter und Lehrer.

„Ich bin hier nicht nur um Wünsche zu erfüllen", erklärte er einmal ernsthaft. „Ich bin hier um dir zu helfen zu wachsen und das Beste aus deinen Wünschen herauszuholen."

Ein unvergessliches Abenteuer

Eines Tages beschloss Emma zusammen mit dem Wunschgeist ein großes Fest im Dorf zu organisieren. Sie backten viele verschiedene Kekse mit unterschiedlichen Wünschen – für Glück, Gesundheit und Freundschaft.

Der Festtag wurde ein großer Erfolg! Alle Dorfbewohner kamen zusammen und teilten ihre Wünsche miteinander. Der Wunschgeist beobachtete alles mit Freude.

„Das ist das wahre Geschenk des Wünschens", sagte er lächelnd. „Die Freude am Teilen."

Ein ewiger Freund

So wurde der Wunschgeist nicht nur Emmas Lehrer; er wurde auch ihr bester Freund. Gemeinsam erlebten sie viele Abenteuer in der Küche und im Dorf.

Jedes Mal wenn Emma einen neuen Keks buk oder einen neuen Wunsch äußerte, wusste sie tief im Inneren: Der Wunschgeist würde immer da sein – bereit zu helfen und sie auf ihrem Weg des Lernens zu begleiten.

Und so lebten Emma und der kleine Wunschgeist glücklich in ihrem bunten Dorf weiter – immer bereit für neue magische Abenteuer!

Ende

Emma, die kleine Keksbäckerin

DIE REISE DES MUTIGEN MAULWURFS

Der kleine Maulwurf

In einem kleinen, gemütlichen Bau unter der Erde lebte ein kleiner Maulwurf namens Max. Max war nicht wie die anderen Maulwürfe, die gerne im Dunkeln gruben und sich in ihren Höhlen versteckten. Er träumte davon, die Welt über der Erde zu erkunden und all die Abenteuer zu erleben, von denen er gehört hatte.

Der große Entschluss

Eines Tages, als die Sonne durch den Boden schien und das Licht in seinen Bau fiel, sagte Max zu sich selbst: „Heute ist der Tag! Ich werde an die Oberfläche gehen und die Welt sehen!"

Er packte ein kleines Bündel mit ein paar Leckereien und machte sich auf den Weg zur Erdoberfläche.

Der erste Blick ins Freie

Als Max endlich aus seinem Bau kroch, blinzelte er in das grelle Sonnenlicht. Vor ihm erstreckte sich eine wunderschöne Wiese voller bunter Blumen und summender Bienen. „Wow! Das ist ja viel schöner als ich es mir vorgestellt habe!", rief er begeistert.

Die erste Begegnung

Gerade als Max seine ersten Schritte auf dem Gras machte, hörte er ein leises Weinen. Neugierig folgte er dem Geräusch und fand ein kleines Kaninchen namens Lila, das traurig unter einem Baum saß.

„Was ist los?", fragte Max besorgt.

„Ich habe meinen Lieblingsball verloren!", schniefte Lila. „Er rollte in den tiefen Graben dort drüben."

Mutig helfen

Max überlegte kurz. „Ich kann dir helfen! Ich bin zwar klein, aber ich kann graben!"

Lila schaute ihn skeptisch an. „Bist du sicher? Der Graben sieht tief aus."

„Ja! Ich bin mutig! Lass uns zusammenarbeiten!", antwortete Max entschlossen.

Gemeinsam stark

Max grub schnell einen Tunnel zum Graben und fand den Ball nach kurzer Zeit. „Hier ist er!", rief er triumphierend und rollte den Ball zurück zu Lila.

„Danke, Max! Du bist wirklich mutig!", sagte Lila strahlend. „Komm mit mir spielen!"

Neue Freunde

Max spielte den ganzen Nachmittag mit Lila und entdeckte dabei viele neue Dinge – wie man mit einem Ball spielt oder wie man im Gras hüpft. Er fühlte sich glücklich und frei.

Plötzlich hörten sie ein lautes Rumpeln. Ein großer Hund kam auf sie zu gerannt!

Die Herausforderung

Lila zitterte vor Angst. „Oh nein! Was sollen wir tun?"

Max dachte schnell nach. „Wir müssen ruhig bleiben. Lass uns hinter diesem Baum verstecken!"

Sie huschten hinter einen großen Baumstamm und beobachteten, wie der Hund vorbeilief.

„Du bist wirklich mutig, Max!", flüsterte Lila bewundernd.

Auf zur nächsten Station

Nachdem der Hund weg war, beschlossen Max und Lila weiterzuziehen. Sie wollten den Wald erkunden!

Im Wald trafen sie auf eine alte Eule namens Herr Graufeder. Sie saß hoch oben auf einem Ast und beobachtete die beiden Freunde.

„Was führt euch hierher?", fragte Herr Graufeder mit seiner tiefen Stimme.

Eine neue Lektion

Max erzählte von seiner Reise und dass er die Welt erkunden wollte. Herr Graufeder nickte weise. „Mut bedeutet nicht immer, groß oder stark zu sein. Manchmal bedeutet es einfach, etwas Neues auszuprobieren oder anderen zu helfen."

Max dachte darüber nach und fühlte sich inspiriert.

Ein unerwarteter Freund

Plötzlich hörten sie ein leises Quaken aus einem nahegelegenen Teich. Es war ein kleiner Frosch namens Felix, der feststeckte!

„Hilfe! Ich kann nicht herauskommen!", quakte Felix verzweifelt.

Max schaute zu Lila und dann zu Herr Graufeder. „Wir müssen ihm helfen!", rief er entschlossen.

Teamarbeit im Teich

Gemeinsam arbeiteten sie daran, Felix zu befreien. Während Max grub, half Lila ihm mit ihren starken Hinterbeinen zu schieben, während Herr Graufeder Anweisungen gab.

Nach einer Weile gelang es ihnen endlich – Felix sprang fröhlich aus dem Teich!

„Danke euch allen! Ihr seid meine Helden!", quakte Felix glücklich.

Ein Fest der Freundschaft

Um ihre neuen Freundschaften zu feiern, luden Felix, Lila und Herr Graufeder Max zu einem Picknick am Teich ein. Sie teilten leckere Snacks und erzählten Geschichten über ihre Abenteuer.

Max fühlte sich so glücklich – er hatte nicht nur die Welt entdeckt, sondern auch wunderbare Freunde gefunden!

Der Rückweg nach Hause

Als die Sonne unterging, wusste Max, dass es Zeit war zurückzukehren. Aber diesmal fühlte er sich anders – stärker und mutiger als je zuvor.

„Ich werde wiederkommen! Es gibt noch so viel mehr zu entdecken!", versprach er seinen Freunden.

Ein neuer Anfang

Als Max in seinen Bau zurückkehrte, wusste er jetzt genau: Mut kommt in vielen Formen – manchmal ist es einfach nur der Wille, etwas Neues auszuprobieren oder anderen zu helfen.

Und so schlief der kleine Maulwurf zufrieden ein – bereit für viele weitere Abenteuer in der großen Welt über der Erde!

Ende

Der mutige Maulwurf und seine Freunde

DIE GEHEIMEN GESCHICHTEN DER SPIELZEUGE

Das Kinderzimmer

In einem bunten Kinderzimmer lebten viele Spielzeuge. Es gab einen mutigen kleinen Teddybären namens Teddy, eine kluge Puppe namens Lila, einen fröhlichen Holzauto namens Max und eine schüchterne Stoffkatze namens Miezi. Tagsüber lagen sie still in ihren Ecken, aber nachts, wenn die Kinder schliefen, erwachten sie zum Leben!

Der Zauber der Nacht

Wenn die Uhr Mitternacht schlug, begann das große Abenteuer. Teddy rief: „Aufwachen, Freunde! Es ist Zeit für unsere nächtlichen Abenteuer!"

Lila setzte sich auf und lächelte. „Was werden wir heute erleben?"

Max rollte fröhlich über den Boden. „Lasst uns die geheimnisvolle Schatzkiste erkunden!"

Die Schatzkiste

In einer Ecke des Zimmers stand eine alte Kiste, die voller vergessener Spielsachen war. Niemand wusste genau, was sich darin befand. „Ich habe gehört, dass es dort einen magischen Schlüssel gibt!", flüsterte Miezi nervös.

„Dann sollten wir ihn finden!", sagte Teddy entschlossen. „Wer weiß, welche Abenteuer uns erwarten!"

Der Weg zur Kiste

Die Freunde machten sich auf den Weg zur Schatzkiste. Auf ihrem Weg mussten sie über ein großes Kissenmeer springen und unter dem Tisch hindurchkriechen.

„Achtung! Ein Hindernis!", rief Max und rollte schnell voran.

„Ich kann das nicht schaffen!", jammerte Miezi und zitterte.

Freundschaft hilft

Teddy bemerkte Miezis Angst und sagte: „Keine Sorge, Miezi! Wir sind alle zusammen hier. Halte dich einfach an mir fest!"

Miezi nickte und sprang vorsichtig hinter Teddy her. Gemeinsam überwanden sie das Kissenmeer und erreichten die Schatzkiste.

Die geheime Kiste öffnen

Die Kiste war groß und schwer. „Wie sollen wir sie öffnen?", fragte Lila nachdenklich.

„Vielleicht gibt es einen Trick!", schlug Max vor. Er rollte um die Kiste herum und entdeckte ein kleines Schloss an der Vorderseite.

„Wir brauchen den Schlüssel!", rief er aufgeregt.

Die Suche nach dem Schlüssel

Die Freunde begannen zu suchen. Sie durchstöberten alte Puppenkleider, stapelten Bauklötze und schauten sogar in die Taschen von alten Jacken.

Plötzlich rief Lila: „Hier ist etwas Glänzendes!" Sie hielt einen kleinen goldenen Schlüssel in der Hand.

„Das muss er sein!", jubelte Teddy.

Das Schloss knacken

Vorsichtig steckte Lila den Schlüssel ins Schloss und drehte ihn um. Mit einem leisen Klick öffnete sich die Kiste!

„Was wird wohl darin sein?", fragte Miezi neugierig.

Der magische Inhalt

Als die Kiste sich öffnete, strahlte ein warmes Licht heraus. Darin lagen viele bunte Dinge – glitzernde Steine, ein alter Kompass und ein wunderschöner Kristall.

„Wow! Das ist ja fantastisch!", staunte Max.

Teddy hob den Kristall hoch. „Ich glaube, dieser Kristall hat besondere Kräfte."

Ein unerwartetes Problem

Plötzlich begann der Kristall zu leuchten und eine sanfte Stimme ertönte: „Um meine Kraft zu nutzen, müsst ihr mir helfen."

Die Freunde schauten sich verwirrt an. „Wie können wir dir helfen?", fragte Lila mutig.

„Es gibt einen verlorenen Traum im Kinderzimmer, den ihr finden müsst", erklärte der Kristall.

Die Suche nach dem Traum

Der Kristall führte die Freunde durch das Zimmer zu einem dunklen Schrank in der Ecke. „Dort drinnen ist der verlorene Traum", sagte er.

„Aber es ist dunkel da drin! Ich habe Angst!", murmelte Miezi zitternd.

Teddy legte seinen Arm um sie. „Wir sind zusammen hier – wir schaffen das gemeinsam."

Mutig ins Dunkel

Langsam öffneten sie die Schranktür und traten hinein. Es war wirklich dunkel, aber mit dem Licht des Kristalls konnten sie alles sehen.

Plötzlich hörten sie ein leises Weinen aus einer Ecke des Schranks. Es war ein kleiner Stoffelefant namens Emil!

„Ich habe meinen Traum verloren... ich kann nicht mehr träumen...", schniefte Emil traurig.

Den Traum zurückbringen

„Keine Sorge, Emil! Wir werden dir helfen!" versprach Lila entschlossen.

Der Kristall begann wieder zu leuchten und sagte: „Um Emils Traum zurückzubringen, müsst ihr ihm zeigen, wie wichtig Freundschaft ist."

Max hatte eine Idee. „Lasst uns alle zusammen tanzen und singen – so wird Emil sehen, wie viel Spaß Freundschaft macht!"

Ein fröhliches Fest

Die Freunde fingen an zu tanzen und zu singen – Teddy wackelte mit seinen Armen, Lila drehte sich im Kreis und Max rollte fröhlich hin und her. Sogar Miezi machte mit!

Bald schon strahlte Emil vor Freude und sein Herz füllte sich mit Glück – plötzlich erschien ein wunderschöner Traum in Form eines bunten Regenbogens!

Ein glückliches Ende

Emil lächelte glücklich und bedankte sich bei seinen neuen Freunden für ihre Hilfe. Der Kristall leuchtete hell auf und sagte: „Eure Freundschaft hat den verlorenen Traum zurückgebracht."

Von diesem Tag an waren Teddy, Lila, Max, Miezi und Emil unzertrennliche Freunde – bereit für viele weitere nächtliche Abenteuer im Kinderzimmer!

Und so schliefen sie friedlich ein – wissend, dass wahre Freundschaft jede Herausforderung meistern kann!

Ende

Die geheimen Geschichten der Spielzeuge

DER KLEINE DRACHE UND DAS VERLORENE FEUER

Der kleine Drache

In einem weit entfernten Land, hoch oben in den Wolken, lebte ein kleiner Drache namens Flammel. Flammel war ein fröhlicher Drache mit schimmernden grünen Schuppen und großen, leuchtenden Augen. Er liebte es, mit seinen Freunden zu spielen und durch die Lüfte zu fliegen. Doch eines Tages passierte etwas Schreckliches: Flammel verlor sein Feuer!

Das große Problem

Flammel versuchte, ein kleines Feuer zu speien, aber nichts kam heraus. „Oh nein! Was soll ich nur tun?", rief er verzweifelt. Ohne sein Feuer konnte er nicht mehr fliegen wie früher und auch nicht mehr mit seinen Freunden spielen.

„Ich muss mein Feuer zurückbekommen!", beschloss Flammel mutig.

Die Reise beginnt

Flammel packte seine kleinen Sachen und machte sich auf den Weg. Er wusste, dass er andere Drachen treffen würde, die ihm helfen könnten. „Vielleicht wissen sie, wo mein Feuer geblieben ist!", dachte er optimistisch.

Er flog über hohe Berge und tiefe Täler, bis er schließlich in einen dichten Wald kam.

Der weise alte Drache

Im Wald traf Flammel auf einen alten Drachen namens Glut. Glut hatte graue Schuppen und funkelnde Augen voller Weisheit. „Was führt dich hierher, kleiner Drache?", fragte Glut freundlich.

„Ich habe mein Feuer verloren und suche nach einem Weg, es zurückzubekommen!", erklärte Flammel traurig.

Ein wertvoller Rat

Glut nickte verständnisvoll. „Das ist ein großes Problem, aber du musst wissen, dass wahres Feuer von innen kommt. Du musst deinen Mut finden und an dich selbst glauben."

Flammel schaute verwirrt drein. „Wie kann ich das tun?"

„Reise weiter zu den Drachen des Feuers im Vulkan. Sie werden dir helfen können", riet Glut.

Auf zum Vulkan

Flammel bedankte sich bei Glut und machte sich auf den Weg zum Vulkan. Es war eine lange Reise, aber Flammel war fest entschlossen. Unterwegs begegnete er vielen Tieren, die ihn anfeuerten und ihm Mut zusprachen.

„Du schaffst das! Glaub an dich!", riefen die Vögel.

Die Drachen des Feuers

Als Flammel endlich am Vulkan ankam, sah er viele große Drachen mit leuchtendem Feuer in ihren Mäulern. Sie waren beeindruckend und stark!

„Hallo! Ich bin Flammel! Ich habe mein Feuer verloren und brauche eure Hilfe!", rief er mutig.

Die Drachen schauten ihn neugierig an.

Die Herausforderung

Ein großer roter Drache namens Inferno trat vor. „Um dein Feuer zurückzubekommen, musst du eine Herausforderung bestehen", sagte Inferno mit tiefem Brummen.

„Was für eine Herausforderung?", fragte Flammel nervös.

„Du musst den höchsten Gipfel des Vulkans erklimmen und dort einen Funken des Feuers finden", erklärte Inferno.

Der Aufstieg

Flammel fühlte sich ein wenig eingeschüchtert, aber er wusste, dass er es versuchen musste. Mit all seiner Kraft begann er den steilen Aufstieg zum Gipfel des Vulkans.

Es war schwierig – der Wind blies stark und der Weg war steinig. Aber Flammel erinnerte sich an Gluts Worte: „Wahres Feuer kommt von innen."

Er atmete tief durch und kämpfte weiter.

Ein unerwarteter Freund

Auf halbem Weg traf Flammel auf einen kleinen Vogel namens Pico, der in einem Baum saß und ihn beobachtete. „Warum bist du so traurig?", fragte Pico neugierig.

„Ich habe mein Feuer verloren und versuche es zurückzubekommen", antwortete Flammel seufzend.

Pico flatterte aufgeregt mit seinen kleinen Flügeln. „Ich glaube an dich! Du kannst das schaffen!"

Flammels Herz füllte sich mit neuer Hoffnung.

Der Gipfel des Vulkans

Endlich erreichte Flammel den Gipfel des Vulkans! Dort fand er einen glühenden Funken im Boden – das war genau das, was er gesucht hatte!

Aber als er näher kam, bemerkte er etwas Seltsames: Der Funke bewegte sich nicht wie erwartet; stattdessen schien es fast so, als ob es darauf wartete, dass jemand ihm Leben einhauchte.

Der innere Mut

Flammel erinnerte sich an alles, was er gelernt hatte – dass wahres Feuer von innen kommt. Er schloss die Augen und konzentrierte sich auf seinen Mut und seine Stärke.

Mit einem tiefen Atemzug öffnete er seinen Mund weit auf und rief aus vollem Herzen: „Ich glaube an mich selbst!"

Plötzlich begann der Funke zu leuchten!

Das wiedergefundene Feuer

Ein strahlendes Licht umhüllte Flammels Körper, während das Feuer in seinem Inneren wieder erwachte! Es sprudelte aus seinem Mund heraus – helles rotes und oranges Feuer!

„Ich habe es geschafft! Ich habe mein Feuer zurückbekommen!", jubelte Flammel glücklich.

Zurück zu den Freunden

Mit neuem Selbstvertrauen flog Flammel zurück zu den Drachen des Feuers im Vulkan. Als sie ihn sahen, klatschten sie begeistert mit ihren großen Klauen.

„Du hast deine Herausforderung bestanden! Du bist wirklich stark!", lobte Inferno stolz.

Flammels Herz hüpfte vor Freude – nicht nur wegen seines Feuers, sondern auch wegen der Freunde, die ihn unterstützt hatten.

Eine wichtige Lektion

Von diesem Tag an wusste Flammel etwas ganz Wichtiges: Wahre Stärke kommt von innen – aus dem Glauben an sich selbst und der Unterstützung von Freunden. Und so lebten alle Drachen glücklich zusammen im Himmel über dem Vulkan – bereit für neue Abenteuer!

Ende

Der kleine Drache und das verlorene Feuer

DIE ZEITREISE MIT DEM ALTEN BUCH

Die Entdeckung

Eines Tages ging ein neugieriges Kind namens Mia in die alte Bibliothek ihrer Stadt. Sie liebte es, zwischen den Regalen zu stöbern und neue Geschichten zu entdecken. Plötzlich fiel ihr Blick auf ein staubiges, altes Buch, das ganz allein auf einem hohen Regal lag.

„Was für ein seltsames Buch!", murmelte Mia und zog es vorsichtig heraus. Der Titel war „Die Geheimnisse der Zeit".

Der erste Zauber

Als Mia das Buch öffnete, fing es plötzlich an zu leuchten! Ein sanfter Wind wehte durch die Bibliothek, und bevor sie sich versah, wurde sie von einem strahlenden Licht umhüllt. „Wo bin ich?", rief Mia überrascht.

Als das Licht verschwand, fand sie sich in einer anderen Welt wieder – auf einem alten griechischen Marktplatz!

Im antiken Griechenland

Mia schaute sich um und sah Menschen in langen Gewändern, die fröhlich miteinander sprachen. Plötzlich bemerkte sie einen jungen Mann mit einer Krone aus Lorbeerblättern. Es war kein anderer als der berühmte Philosoph Sokrates!

„Hallo! Wer bist du?", fragte Sokrates neugierig.

„Ich bin Mia! Ich komme aus der Zukunft", antwortete sie schüchtern.

Eine Lektion von Sokrates

Sokrates lächelte. „Die Zukunft? Wie spannend! Was möchtest du lernen?"

Mia überlegte kurz und sagte: „Ich möchte wissen, wie man weise Entscheidungen trifft."

Sokrates nickte zustimmend. „Das Wichtigste ist, Fragen zu stellen und nach Antworten zu suchen. Denke immer daran, dass Wissen Macht ist."

Der nächste Sprung

Plötzlich begann das Buch wieder zu leuchten! Mia winkte Sokrates zum Abschied und fühlte sich schon bald wieder von dem strahlenden Licht umgeben.

Als es verschwand, stand sie nun im alten Ägypten vor einer riesigen Pyramide!

Im alten Ägypten

Mia sah sich um und entdeckte eine Gruppe von Arbeitern, die große Steine transportierten. In der Nähe stand ein Pharao mit einem goldenen Zepter.

„Wer bist du, kleines Mädchen?", fragte der Pharao mit einer tiefen Stimme.

„Ich bin Mia aus der Zukunft! Ich wollte sehen, wie ihr diese Pyramiden baut", erklärte sie begeistert.

Die Baukunst der Ägypter

Der Pharao lächelte stolz. „Wir arbeiten hart daran! Es erfordert viel Geschick und Teamarbeit."

Mia beobachtete die Arbeiter und stellte fest, wie wichtig Zusammenarbeit war. „Kann ich euch helfen?", fragte sie mutig.

„Natürlich! Halte diesen Stein fest!" rief einer der Arbeiter.

Ein wichtiger Moment

Mia half den Arbeitern eine Weile lang und lernte viel über ihre Techniken. Als Dankeschön gab ihr der Pharao einen kleinen goldenen Anhänger in Form eines Skarabäus – ein Symbol für Glück.

Gerade als Mia ihn bewunderte, begann das Buch erneut zu leuchten!

Als das Licht verschwand, fand sie sich in einer anderen Welt wieder – in der antiken Stadt Verona!

Im antiken Verona

Mia schaute sich um und sah wunderschöne Gebäude aus Stein, enge Gassen und Menschen in farbenfrohen Gewändern. Überall hörte man fröhliches Lachen und Musik. Plötzlich bemerkte sie eine Gruppe von Menschen, die sich um einen großen Platz versammelt hatten.

„Was ist hier los?", fragte Mia einen Passanten.

„Es ist das Fest der Liebe!", antwortete er mit einem Lächeln. „Wir feiern die berühmte Geschichte von Romeo und Julia!"

Die Geschichte von Romeo und Julia

Mia hatte schon von dieser Geschichte gehört. Es war eine tragische Liebesgeschichte zwischen zwei jungen Menschen aus verfeindeten Familien. Neugierig folgte sie der Menge zum Platz.

Dort sah sie eine junge Frau mit blonden Haaren und einem weißen Kleid – es war Julia! Neben ihr stand ein junger Mann mit dunklen Haaren – Romeo!

Ein unerwartetes Treffen

Mia konnte nicht glauben, dass sie die beiden berühmten Figuren aus der Geschichte lebendig vor sich sah! Als Julia Mia bemerkte, lächelte sie freundlich.

„Hallo! Wer bist du?", fragte Julia neugierig.

„Ich bin Mia aus der Zukunft! Ich wollte sehen, wie ihr hier lebt", antwortete sie begeistert.

Ein Blick hinter die Kulissen

Julia lächelte und sagte: „Komm mit uns! Wir zeigen dir unser Verona."

Mia folgte den beiden durch die Straßen der Stadt. Sie besuchten den Balkon, wo Romeo seine Liebeserklärung an Julia gemacht hatte, und die wunderschönen Gärten voller Blumen.

„Es ist so romantisch hier!", rief Mia begeistert.

Die Herausforderungen der Liebe

Während ihres Rundgangs erzählte Julia Mia von den Schwierigkeiten ihrer Liebe zu Romeo. „Unsere Familien sind verfeindet, aber unsere Herzen gehören zusammen", erklärte sie traurig.

Mia dachte nach und sagte: „Manchmal müssen wir für das kämpfen, was wir lieben."

Ein Plan wird geschmiedet

Plötzlich hatte Mia eine Idee. „Vielleicht könnt ihr eure Familien überzeugen, dass eure Liebe stark genug ist!"

Julia nickte hoffnungsvoll. „Das wäre großartig! Aber wie können wir das tun?"

„Lasst uns ein Fest organisieren! Wenn alle zusammenkommen und sehen, wie glücklich ihr seid, könnten sie ihre Differenzen beiseitelegen", schlug Mia vor.

Das große Fest

Gemeinsam arbeiteten Mia, Romeo und Julia daran, ein großes Fest im Stadtzentrum zu organisieren. Sie luden alle Dorfbewohner ein – auch ihre Familien!

Am Tag des Festes war der Platz festlich geschmückt mit bunten Bändern und Blumen. Musik erfüllte die Luft, während die Menschen tanzten und lachten.

Eine unerwartete Wendung

Doch als Julias Familie ankam, waren sie wütend über die Versammlung. „Was macht ihr hier? Ihr dürft nicht mit diesen Montagues feiern!", rief Julias Vater empört.

Mia spürte die Anspannung in der Luft. Sie wusste, dass dies der entscheidende Moment war.

Mut zur Wahrheit

Mit klopfendem Herzen trat Mia vor die Menge. „Bitte hört mir zu! Diese beiden lieben sich wirklich! Ihre Liebe kann uns alle vereinen!"

Die Menschen schauten verwirrt drein. Doch dann sprach Romeo mutig: „Wir können nicht länger im Schatten unserer Familien leben! Lasst uns gemeinsam feiern!"

Ein Zeichen des Friedens

Langsam begannen einige Mitglieder beider Familien zuzuhören. Julias Mutter trat vor und sagte zögernd: „Vielleicht sollten wir versuchen, Frieden zu schließen."

Die Menge murmelte zustimmend. Schließlich gab es einen großen Applaus für Romeo und Julia!

Ein neues Kapitel

Das Fest wurde ein großer Erfolg! Die Menschen tanzten zusammen und feierten die Liebe zwischen Romeo und Julia. Auch ihre Familien begannen langsam zu akzeptieren, dass Liebe stärker sein kann als Hass.

Mia fühlte sich glücklich über das Gelingen ihres Plans – sie hatte dazu beigetragen, etwas Wundervolles zu bewirken!

Abschied von Verona

Gerade als das Fest seinen Höhepunkt erreichte, begann das alte Buch in Mias Tasche wieder zu leuchten. Es war Zeit für sie zurückzukehren.

„Danke für alles! Ihr habt mir gezeigt, wie wichtig Liebe und Freundschaft sind", rief Mia fröhlich zu Romeo und Julia.

„Komm bald wieder!", rief Julia zurück.

Zurück zur Bibliothek

Als das Licht verblasste, fand sich Mia wieder zwischen den Regalen der Bibliothek – das alte Buch lag vor ihr auf dem Boden.

Mit einem Lächeln dachte Mia an all die Abenteuer zurück – an die Schönheit Veronas und an die Kraft der Liebe zwischen Romeo und Julia.

Mia klatschte erneut begeistert in die Hände. Doch schon bald begann das Buch wieder zu leuchten!

In der Zukunft

Diesmal landete Mia in einer futuristischen Stadt voller fliegender Autos und schimmernder Gebäude. Sie konnte kaum glauben, was sie sah!

Ein junger Erfinder namens Leo kam auf sie zu. „Willkommen in meiner Stadt! Was führt dich hierher?"

„Ich bin Mia aus der Vergangenheit! Ich möchte wissen, wie ihr so viele tolle Dinge erfunden habt!"

Kreativität entfalten

Leo grinste breit. „Es beginnt alles mit Ideen! Man muss kreativ sein und niemals aufgeben."

Er zeigte Mia einige seiner Erfindungen – fliegende Skateboards und Roboterfreunde – alles war möglich durch Vorstellungskraft!

Mia fühlte sich inspiriert und wusste jetzt mehr denn je, dass Träume wahr werden können.

Die Rückkehr zur Bibliothek

Gerade als Leo ihr eine neue Erfindung zeigen wollte, begann das Buch erneut zu leuchten. Dieses Mal fühlte sich Mia bereit für ihre Rückkehr zur Bibliothek.

Als das Licht verblasste, fand sie sich wieder zwischen den Regalen der Bibliothek – das alte Buch lag sicher in ihren Händen.

Mit einem Lächeln dachte Mia an all die Abenteuer zurück – an Sokrates' Weisheit, den Mut des Ritters Cedric und Leos Kreativität.

Sie wusste jetzt genau: Geschichte ist nicht nur Vergangenheit; sie lehrt uns wichtige Lektionen für die Zukunft!

Ende

Mia und das alte Buch

DIE MAGISCHEN FARBEN DES HERBSTES

Der Beginn des Abenteuers

Es war einmal ein wunderschöner Herbsttag im bunten Wald von Farbenfroh. Die Blätter der Bäume leuchteten in den schönsten Farben – rot, orange, gelb und braun. Die Tiere des Waldes waren aufgeregt, denn der Herbst brachte viele Abenteuer mit sich.

„Lasst uns die magischen Farben des Herbstes entdecken!", rief die fröhliche Eule Ella, während sie auf einem Ast saß.

Die rote Farbe – Mut

Als erstes machten sich die Tiere auf den Weg zum roten Ahornbaum. Dort lebte ein mutiger kleiner Fuchs namens Felix. „Schaut euch meine roten Blätter an!", rief Felix stolz.

„Felix, was macht dich so mutig?", fragte die neugierige Maus Mo.

Felix grinste. „Ich habe keine Angst vor Veränderungen! Wenn die Blätter fallen, ist das eine Chance für Neues."

Ein Abenteuer im roten Laub

Plötzlich hörten sie ein Geräusch. Es war ein großer Windstoß, der die roten Blätter vom Baum fegte! „Lasst uns einen Blätterhaufen machen!", schlug Ella vor.

Die Tiere sammelten die Blätter und sprangen hinein. „Juhu! Das macht Spaß!", rief Mo und lachte. Sie lernten, dass Veränderungen auch Freude bringen können.

Die orange Farbe – Freundschaft

Nach dem Spielen im roten Laub gingen sie weiter zu einem großen Orangenbaum. Dort trafen sie die freundliche Schildkröte Tilda. „Hallo, Freunde! Schaut euch meine orangen Blätter an!"

„Tilda, was bedeutet Freundschaft für dich?", fragte Felix neugierig.

Tilda lächelte. „Freundschaft ist wie der Herbst – manchmal verändert sie sich, aber sie bleibt immer schön."

Ein gemeinsames Fest

Die Tiere beschlossen, ein Fest zu feiern und luden alle ihre Freunde aus dem Wald ein. Sie sammelten Äpfel und Nüsse und bereiteten ein großes Picknick unter dem Orangenbaum vor.

„Wir sind wie die bunten Blätter – jeder von uns bringt etwas Einzigartiges mit!", sagte Ella glücklich.

Die gelbe Farbe – Freude

Nach dem Fest gingen die Tiere weiter zu einem strahlend gelben Baum voller goldener Blätter. Dort trafen sie den fröhlichen Vogel Benny. „Hallo zusammen! Seht euch meine gelben Federn an!"

„Benny, warum bist du immer so fröhlich?", fragte Mo bewundernd.

Benny zwitscherte: „Weil ich weiß, dass jede Veränderung neue Möglichkeiten bringt!"

Ein Lied für den Herbst

Benny begann zu singen und alle Tiere stimmten mit ein. Sie tanzten um den gelben Baum und fühlten sich glücklich. „Der Herbst ist eine Zeit der Freude!", rief Felix begeistert.

Sie lernten, dass es wichtig ist, das Leben zu feiern und Freude in jedem Moment zu finden.

Die braune Farbe – Geborgenheit

Schließlich kamen sie zu einem großen alten Baum mit braunen Blättern. Dort lebte der weise alte Bär Bruno. „Willkommen, kleine Freunde! Was bringt euch hierher?"

„Wir entdecken die Farben des Herbstes! Was bedeutet Geborgenheit für dich?", fragte Tilda neugierig.

Bruno lächelte sanft. „Geborgenheit ist wie dieser Baum – er gibt uns Schutz und Wärme in kalten Zeiten."

Ein gemütlicher Abend

Die Tiere setzten sich unter den großen Baum und hörten Bruno Geschichten über den Wald und seine Geheimnisse. Es wurde dunkel und die Sterne funkelten am Himmel.

„In schwierigen Zeiten können wir uns auf unsere Freunde verlassen", sagte Bruno weise.

Der Zauber des Wandels

Plötzlich bemerkten die Tiere etwas Magisches – als sie zusammen waren, schimmerten ihre Farben noch heller im Licht des Mondes!

„Schaut mal! Unsere Freundschaft macht alles bunter!", rief Mo begeistert.

Sie erkannten, dass Veränderung nicht nur Herausforderungen mit sich bringt, sondern auch neue Möglichkeiten zur Verbindung schafft.

Der Rückweg durch den Wald

Als es Zeit wurde zurückzukehren, machten sich die Tiere auf den Weg durch den bunten Wald. Sie sahen überall leuchtende Farben und fühlten sich glücklich über ihre Erlebnisse.

„Jede Farbe hat ihre eigene Bedeutung", sagte Ella nachdenklich. „Mut, Freundschaft, Freude und Geborgenheit sind wichtig im Leben."

Ein Versprechen

Bevor sie sich trennten, versprachen sich alle Tiere, in Kontakt zu bleiben und gemeinsam neue Abenteuer zu erleben – egal welche Veränderungen kommen würden.

„Wir sind wie der Herbstwald – bunt und voller Leben!", rief Felix fröhlich.

Ein neuer Tag im bunten Wald

Am nächsten Morgen wachten die Tiere auf und sahen aus ihren Höhlen und Nestern hinaus. Der Wald war noch schöner als am Tag zuvor!

Mo schaute zum Himmel und dachte an all das Gelernte zurück. Sie wusste jetzt mehr denn je: Veränderungen sind Teil des Lebens und bringen oft wunderbare Dinge mit sich!

Die Magie des Herbstes

Von diesem Tag an erkundeten Mo und ihre Freunde weiterhin den bunten Wald von Farbenfroh. Jedes Mal entdeckten sie neue Abenteuer in den verschiedenen Farben des Herbstes.

Und so lebten sie glücklich weiter – bereit für alles, was der nächste Tag bringen würde!

Ende eines Abenteuers

Die magischen Farben des Herbstes hatten ihnen nicht nur Freude gebracht; sie hatten ihnen auch wichtige Lektionen über das Leben gelehrt – über Mut, Freundschaft, Freude und Geborgenheit.

Und wenn der Wind durch die Bäume rauschte oder die Blätter sanft fielen, wussten alle Tiere im bunten Wald von Farbenfroh: Veränderung kann schön sein!

Ende

Die magischen Farben des Herbstes

DIE KLEINE FEE UND IHR GARTEN

Der verwunschene Garten

In einem versteckten Winkel des Waldes lebte eine kleine Fee namens Lili. Ihr Zuhause war ein wunderschöner, verwunschener Garten voller magischer Pflanzen und fröhlicher Tiere. Die Blumen leuchteten in den buntesten Farben, und die Luft war erfüllt von süßem Duft.

Lili liebte ihren Garten über alles und kümmerte sich jeden Tag um die Pflanzen und Tiere, die dort lebten.

Ein neuer Tag im Garten

Eines Morgens wachte Lili früh auf. Die Sonne schien durch die Blätter der Bäume, und der Garten glitzerte im Licht. „Heute wird ein schöner Tag!", rief sie fröhlich und flog zu den bunten Blumen.

Doch als sie ankam, bemerkte sie etwas Seltsames. Eine der Blumen, die strahlend blaue Glockenblumen, sah traurig aus.

Die traurige Glockenblume

„Was ist los, liebe Glockenblume?", fragte Lili besorgt.

„Ich fühle mich so einsam", seufzte die Glockenblume. „Die anderen Blumen sind viel größer und schöner als ich. Niemand hört mir zu."

Lili setzte sich neben die kleine Blume. „Das ist nicht wahr! Du bist ganz besonders! Lass uns gemeinsam etwas unternehmen."

Ein Plan für die Glockenblume

Lili hatte eine Idee. „Wie wäre es, wenn wir ein kleines Fest im Garten veranstalten? Dann können alle Tiere und Pflanzen zusammenkommen und dich besser kennenlernen!"

Die Glockenblume leuchtete auf. „Das klingt wunderbar! Aber wie kann ich das schaffen?"

„Ich helfe dir dabei! Gemeinsam werden wir es schaffen", versprach Lili.

Vorbereitungen für das Fest

Die beiden machten sich sofort an die Arbeit. Lili flog durch den Garten und sammelte bunte Blütenblätter, während die Glockenblume ihre besten Freunde einlud – die Sonnenblumen, die Rosen und sogar die kleinen Käfer.

Bald war der Garten voller Aufregung. Alle halfen mit, um das Fest vorzubereiten!

Das große Fest beginnt

Am Abend war der Garten festlich geschmückt mit bunten Lichtern aus Glühwürmchen und duftenden Blumenkränzen. Als alle Gäste ankamen, war die Glockenblume nervös.

„Was ist, wenn sie mich nicht mögen?", fragte sie zitternd.

„Mach dir keine Sorgen! Sei einfach du selbst", ermutigte Lili sie.

Freundschaft schließen

Als das Fest begann, sangen die Blumen fröhliche Lieder, tanzten im Wind und erzählten Geschichten. Die Glockenblume beobachtete alles von ihrem Platz aus.

Plötzlich kam eine große Sonnenblume zu ihr. „Hallo! Ich habe dich noch nie gesehen! Was machst du hier?"

Die Glockenblume lächelte schüchtern. „Ich bin hier für das Fest!"

Ein neues Freundschaftsband

Die Sonnenblume lächelte zurück. „Das ist toll! Lass uns zusammen tanzen!"

Die beiden begannen zu tanzen, und bald kamen auch andere Blumen dazu. Die Glockenblume fühlte sich glücklich und akzeptiert – sie hatte neue Freunde gefunden!

Ein unerwartetes Problem

Plötzlich bemerkten sie einen kleinen Schmetterling namens Flatter, der verzweifelt umherflog. „Hilfe! Ich habe meinen Weg verloren! Wo ist mein Zuhause?"

Lili flog sofort zu ihm hinunter. „Keine Sorge, Flatter! Wir helfen dir dabei."

Auf der Suche nach dem Zuhause

Gemeinsam mit den anderen Blumen machten sich Lili und Flatter auf den Weg durch den Garten. Sie suchten überall nach dem Zuhause des kleinen Schmetterlings.

„Wo hast du zuletzt geflogen?", fragte Lili freundlich.

Flatter dachte nach. „Ich erinnere mich an einen großen Baum mit bunten Blättern."

Der große Baum

Sie flogen weiter bis zu einem großen alten Baum am Rand des Gartens. Dort fanden sie viele bunte Blätter – genau wie Flatter beschrieben hatte!

„Schau mal dort drüben!", rief eine Rose aufgeregt. Und tatsächlich – zwischen den Ästen saß eine Gruppe anderer Schmetterlinge!

Wiedervereinigung

Flatter flatterte vor Freude aufgeregt herum. „Das sind meine Freunde!" Er flog schnell zu ihnen hinüber.

„Danke euch allen für eure Hilfe!" rief Flatter glücklich.

Die Blumen jubelten vor Freude über das gelungene Abenteuer!

Ein weiteres Fest feiern

Nach all dem Aufregenden beschlossen alle Tiere und Pflanzen im Garten, ein weiteres Fest zu feiern – diesmal zu Ehren von Flatter!

„Wir haben heute so viel gelernt über Freundschaft und Zusammenhalt", sagte Lila lächelnd.

Ein neuer Morgen im Garten

Am nächsten Morgen wachte Lili auf und schaute in ihren wunderschönen Garten voller glücklicher Pflanzen und Tiere. Die Glockenblume blühte jetzt prächtig inmitten ihrer neuen Freunde.

„Ich bin so froh, dass ich euch habe", sagte sie strahlend.

Lili nickte zustimmend. „Gemeinsam sind wir stark!"

Das Geheimnis des Gartens

Von diesem Tag an kümmerte sich Lili weiterhin um ihren verwunschenen Garten voller magischer Pflanzen und fröhlicher Tiere. Jedes Mal half sie einer Pflanze oder einem Tier bei ihren Problemen – immer lernend über Freundschaft, Fürsorge und das Wunder des Lebens.

Und so lebten sie glücklich weiter in ihrem zauberhaften Garten voller Liebe!

Ende

Die kleine Fee und ihr Garten

DER MUTIGE PINGUIN AUF GROßER REISE

Der Traum des kleinen Pinguins

In einem kalten, glitzernden Land voller Eis lebte ein kleiner Pinguin namens Paul. Paul war anders als die anderen Pinguine. Während seine Freunde gerne im Schnee spielten und Fische fingen, träumte Paul von Abenteuern in der großen, weiten Welt.

„Ich möchte die Welt außerhalb unseres Eises erkunden!", rief er eines Tages zu seinen Freunden.

Die Entscheidung

„Das ist viel zu gefährlich!", quiekte seine beste Freundin Pia. „Was ist, wenn du dich verlierst?"

Aber Paul ließ sich nicht entmutigen. „Ich werde mutig sein! Ich will sehen, was es jenseits des Eises gibt!"

Eines Morgens packte Paul seinen kleinen Rucksack mit ein paar Fischen und machte sich auf den Weg.

Der erste Schritt ins Unbekannte

Als Paul das vertraute Eis hinter sich ließ, fühlte er sich aufgeregt und ein wenig ängstlich. Die Sonne schien hell am Himmel, und der Wind blies sanft über das Wasser.

„Ich kann das schaffen!", murmelte er zu sich selbst und watschelte weiter.

Ein unerwarteter Freund

Nach einer Weile traf Paul auf einen neugierigen Seehund namens Sammy. Sammy schwamm fröhlich im Wasser und winkte mit seiner Flosse.

„Hallo, kleiner Pinguin! Wo gehst du hin?", fragte Sammy.

„Ich gehe auf eine große Reise! Willst du mitkommen?", fragte Paul hoffnungsvoll.

Gemeinsam stark

„Klar! Ich liebe Abenteuer!", rief Sammy begeistert. Gemeinsam schwammen sie durch das klare Wasser und entdeckten bunte Fische und schimmernde Muscheln.

Paul fühlte sich mutiger mit seinem neuen Freund an seiner Seite. „Danke, dass du mit mir kommst, Sammy!"

Die Herausforderung

Plötzlich sahen sie eine große Welle auf sich zukommen. „Oh nein! Was sollen wir tun?", rief Paul panisch.

„Keine Sorge! Wir müssen einfach schnell schwimmen!", rief Sammy und paddelte los.

Paul zögerte kurz, aber dann folgte er Sammy. Sie schwammen so schnell sie konnten und schafften es gerade noch rechtzeitig, der Welle zu entkommen!

Ein neuer Ort

Nachdem die Welle vorbei war, fanden sie sich an einem wunderschönen Strand wieder. Der Sand war warm und die Sonne strahlte am Himmel.

„Wow! Das ist ja fantastisch!", staunte Paul. „Hier gibt es so viel zu entdecken."

Ein seltsames Geräusch

Während sie den Strand erkundeten, hörten sie plötzlich ein seltsames Geräusch aus einem nahegelegenen Gebüsch. Neugierig gingen sie näher heran.

Dort saß ein kleiner Hase namens Hanni, der verzweifelt versuchte, aus einem Netz herauszukommen. „Hilfe! Ich bin gefangen!", rief Hanni traurig.

Mut zur Hilfe

Paul schaute Sammy an. „Wir müssen ihm helfen!", sagte er entschlossen.

Zusammen arbeiteten sie daran, das Netz zu lösen. Es war knifflig, aber schließlich gelang es ihnen!

„Danke euch beiden! Ihr seid meine Helden!", jubelte Hanni glücklich.

Eine neue Freundschaft

Hanni war so dankbar für ihre Hilfe, dass er beschloss, sich ihnen anzuschließen. „Ich möchte auch auf Abenteuer gehen!", sagte er fröhlich.

Jetzt waren Paul, Sammy und Hanni ein tolles Team!

Über den Berg

Die drei Freunde setzten ihre Reise fort und kamen bald an einen hohen Berg. „Wie sollen wir da hochkommen?", fragte Hanni besorgt.

Paul schaute nach oben und spürte ein Kribbeln in seinem Bauch. „Wir müssen es einfach versuchen!", sagte er mutig.

Sie kletterten langsam den Berg hinauf – manchmal rutschten sie aus oder mussten innehalten – aber gemeinsam halfen sie sich gegenseitig weiter nach oben.

Der Ausblick

Oben angekommen waren sie überwältigt von dem atemberaubenden Ausblick über das weite Land. „Schaut mal! So viel Schönheit!", rief Sammy begeistert.

Paul fühlte sich stolz auf sich selbst und seine Freunde. Sie hatten es geschafft!

Die Rückkehr nach Hause

Nach vielen Abenteuern beschlossen die drei Freunde, dass es Zeit war zurückzukehren. Auf dem Weg zurück erzählten sie Geschichten über ihre Erlebnisse und lachten viel zusammen.

Als sie schließlich wieder bei ihrem Eis angekommen waren, waren alle anderen Pinguine neugierig auf ihre Geschichten.

Teilen der Erfahrungen

Paul erzählte von seinen Abenteuern mit Sammy und Hanni – von der großen Welle bis zum hohen Berg. Alle lauschten gebannt und bewunderten seinen Mut.

„Du bist wirklich mutig gewesen, Paul!", sagte Pia bewundernd.

Paul lächelte stolz. „Es war nicht nur ich – ich hatte großartige Freunde an meiner Seite."

Ein neues Kapitel

Von diesem Tag an wusste Paul, dass Abenteuer aufregend sind – besonders wenn man gute Freunde hat. Er hatte gelernt, dass Mut nicht bedeutet, keine Angst zu haben; sondern trotz der Angst weiterzumachen.

Ein neuer Tag - Paul und Sammy auf Schatzsuche

Eines Morgens, als die Sonne über dem gefrorenen Meer aufging, wachte Paul der Pinguin mit einem neuen Abenteuer im Kopf auf. „Sammy!", rief er aufgeregt, während er zu seinem Freund schwamm. „Lass uns heute einen Schatz suchen!"

„Einen Schatz? Das klingt spannend! Wo sollen wir suchen?", fragte Sammy neugierig.

Die alte Legende

Paul erinnerte sich an eine Geschichte, die ihm sein Großvater erzählt hatte. „Es gibt eine Legende über einen geheimen Schatz, der irgendwo in den Höhlen am anderen Ende des Strandes versteckt sein soll!"

„Das klingt fantastisch! Lass uns gleich loslegen!", rief Sammy begeistert.

Auf zur Schatzsuche

Die beiden Freunde packten ein paar Snacks und machten sich auf den Weg zum Strand. Der Wind blies sanft durch das Wasser, und die Wellen plätscherten fröhlich gegen die Felsen.

„Ich kann es kaum erwarten, den Schatz zu finden!", sagte Paul voller Vorfreude.

Die geheimnisvollen Höhlen

Als sie am Strand ankamen, entdeckten sie die großen Höhlen, die in die Klippen gehauen waren. „Wow! Schau dir diese Höhlen an!", rief Sammy. „Sie sehen wirklich geheimnisvoll aus."

„Ja, aber wir müssen vorsichtig sein", warnte Paul. „Man weiß nie, was uns dort drinnen erwartet."

Mutig ins Unbekannte

Mit klopfendem Herzen traten sie in die erste Höhle ein. Das Licht schien durch kleine Ritzen in den Wänden und warf schimmernde Schatten auf den Boden.

„Es ist dunkel hier drin…", murmelte Sammy nervös.

„Wir sind mutig! Lass uns weitergehen!", ermutigte Paul seinen Freund.

Der rätselhafte Hinweis

Plötzlich entdeckten sie etwas Glänzendes im Sand. Es war eine alte Karte! Paul hob sie vorsichtig auf und betrachtete sie genau.

„Schau mal, Sammy! Diese Karte zeigt den Weg zu einem Schatz!", rief er begeistert.

„Was steht darauf?", fragte Sammy neugierig.

„Hier steht: ‚Folge dem Licht des Sonnenstrahls bis zur großen Muschel'", las Paul laut vor.

Auf der Spur des Lichts

Die beiden Freunde folgten der Karte und gingen tiefer in die Höhle hinein. Sie suchten nach dem Licht des Sonnenstrahls und fanden schließlich einen kleinen Spalt in der Wand, durch den das Licht strahlte.

„Dort drüben ist es! Lass uns schnell hinübergehen!", rief Sammy und watschelte los.

Die große Muschel

Als sie das Licht erreichten, sahen sie eine riesige Muschel, die wunderschön schimmerte. „Das muss die große Muschel sein!", sagte Paul aufgeregt.

Sie schauten sich um und bemerkten einen kleinen Kasten neben der Muschel. „Das könnte der Schatz sein!", flüsterte Sammy voller Aufregung.

Der Schatz wird geöffnet

Vorsichtig öffneten sie den Kasten und fanden darin funkelnde Steine in allen Farben des Regenbogens sowie einige glitzernde Muscheln.

„Wow! Das ist ja unglaublich schön!", staunte Paul.

„Aber was machen wir jetzt mit dem Schatz?", fragte Sammy nachdenklich.

Teilen ist das Beste

Paul dachte kurz nach und lächelte dann. „Wir sollten ihn mit unseren Freunden teilen! Jeder sollte etwas von diesem schönen Schatz haben."

Sammy nickte zustimmend. „Das ist eine großartige Idee, Paul!"

Zurück zum Dorf

Die beiden Freunde packten einige der bunten Steine und Muscheln ein und machten sich auf den Rückweg zu ihrem Dorf. Als sie ankamen, waren alle Pinguine neugierig auf ihre Entdeckung.

Ein Fest für alle

Paul und Sammy erzählten von ihrer aufregenden Schatzsuche und zeigten stolz ihre Funde. Alle Pinguine waren begeistert!

„Lasst uns ein Fest feiern!", schlug Pia vor. Und so bereiteten alle zusammen ein großes Festmahl vor – jeder brachte etwas mit!

Freude teilen

Während des Festes verteilten Paul und Sammy die bunten Steine und Muscheln an alle ihre Freunde. Jeder bekam ein Stück vom Schatz!

„Danke für eure Freundschaft!", sagte Paul glücklich. „Es macht viel mehr Spaß, wenn man seine Abenteuer teilt."

Ein unvergesslicher Tag

Der Abend endete mit fröhlichem Gesang und Tanz unter dem Sternenhimmel. Paul fühlte sich glücklich – nicht nur wegen des Schätze, sondern auch wegen seiner tollen Freunde.

Bereit für neue Abenteuer

Als die Nacht hereinbrach, schaute Paul zu den Sternen hinauf und wusste, dass noch viele Abenteuer auf ihn warteten – mit seinen Freunden an seiner Seite würde er alles schaffen!

Und so lebten Paul der Pinguin und seine Freunde glücklich weiter in ihrem kalten Land voller Eis – bereit für viele weitere Abenteuer!

Ende

Der mutige Pinguin und Sammy die Robbe

DIE GEHEIMNISSE DES ALTEN LEUCHTTURMS

Ein aufregender Besuch

Es war ein sonniger Samstagmorgen, als die kleine Mia mit ihrem Großvater zum alten Leuchtturm am Meer fuhr. „Ich habe gehört, dass dieser Leuchtturm viele Geheimnisse birgt!", sagte ihr Großvater geheimnisvoll.

Mia war sofort neugierig. „Was für Geheimnisse?"

„Das werden wir herausfinden!", antwortete er mit einem Lächeln.

Der alte Leuchtturm

Als sie ankamen, sah der Leuchtturm majestätisch aus. Er war hoch und aus rotem Ziegelstein gebaut, und die weißen Fenster leuchteten in der Sonne. „Wow! Er sieht ja aus wie aus einem Märchen!", rief Mia begeistert.

„Ja, und er hat eine lange Geschichte", erklärte ihr Großvater. „Lass uns hineingehen!"

Die knarrende Tür

Die Tür des Leuchtturms knarrte laut, als sie sie öffneten. Drinnen war es kühl und dunkel. An den Wänden hingen alte Bilder von Schiffen und Seeleuten.

„Schau mal, Opa! Was ist das dort?", fragte Mia und zeigte auf eine große Karte an der Wand.

Die Schatzkarte

„Das ist eine alte Seekarte", erklärte ihr Großvater. „Sie zeigt die Gewässer rund um den Leuchtturm. Vielleicht gibt es hier irgendwo einen Schatz!"

Mia klopfte aufgeregt mit ihren kleinen Händen zusammen. „Lass uns nach dem Schatz suchen!"

Die Treppe hinauf

Sie gingen zur Wendeltreppe des Leuchtturms. „Wir müssen bis zur Spitze hinaufsteigen, um mehr zu erfahren", sagte ihr Großvater.

Mia nickte und begann zu klettern. Die Stufen waren steil, aber sie fühlte sich mutig.

Der Lichtsaal

Oben angekommen betraten sie den Lichtsaal des Leuchtturms. Das große Glasfenster bot einen atemberaubenden Blick auf das Meer. In der Mitte stand das riesige Lichtgerät, das einst die Schiffe sicher nach Hause geleitet hatte.

„Es ist wunderschön hier oben!", rief Mia begeistert.

Ein geheimnisvolles Geräusch

Plötzlich hörten sie ein seltsames Geräusch – ein leises Klopfen kam von einer Ecke des Raumes. Mia schaute ihren Großvater an. „Was könnte das sein?"

„Lass uns nachsehen!", sagte er mutig und ging in die Richtung des Geräuschs.

Das versteckte Fach

In einer Wand entdeckten sie ein kleines Fach, das leicht geöffnet war. Ihr Großvater schob die Tür auf und fand darin einen alten Schlüssel!

„Wow! Was denkst du, wofür dieser Schlüssel ist?", fragte Mia neugierig.

„Vielleicht für eine Schatztruhe oder ein geheimes Zimmer im Leuchtturm! Lass uns weiter suchen!"

Auf der Suche nach dem Geheimnis

Mit dem Schlüssel in der Hand gingen sie wieder die Treppe hinunter und erkundeten jeden Raum im Leuchtturm. Sie fanden alte Bücher über Seefahrt und viele interessante Dinge, aber keinen Ort, wo der Schlüssel passte.

Der Keller des Leuchtturms

Schließlich entdeckten sie eine Tür zum Keller des Leuchtturms. „Dort könnten wir etwas finden!", schlug Mia vor.

Sie öffneten die schwere Tür und stiegen vorsichtig hinunter in den dunklen Keller.

Ein geheimer Raum

Im Keller fanden sie einen kleinen Raum mit einer alten Truhe in der Ecke. Mia konnte kaum glauben, was sie sah!

„Das muss es sein! Lass uns den Schlüssel ausprobieren!", rief sie aufgeregt.

Ihr Großvater steckte den Schlüssel ins Schloss und drehte ihn langsam um – es klickte!

Der Schatz wird geöffnet

Die Truhe öffnete sich mit einem lauten Knarren, und darin lag ein Haufen glänzender Muscheln, bunte Steine und einige alte Münzen!

„Das ist ja unglaublich! Wir haben einen Schatz gefunden!", jubelte Mia voller Freude.

Eine besondere Entdeckung

Doch als sie genauer hinsahen, bemerkten sie etwas anderes – ein altes Tagebuch lag ebenfalls in der Truhe. Es war vergilbt und hatte viele Seiten voller handgeschriebener Geschichten über das Leben eines Leuchtturmwärters.

„Das sind die wahren Schätze – Geschichten von Abenteuern auf See!", sagte ihr Großvater lächelnd.

Geschichten erzählen

Mia blätterte durch das Tagebuch und las einige Geschichten über Stürme, mutige Seeleute und verlorene Schätze. Sie stellte sich vor, wie es gewesen sein musste, all diese Abenteuer zu erleben.

„Opa, können wir diese Geschichten unseren Freunden erzählen?", fragte Mia begeistert.

„Natürlich! Diese Geschichten sind wertvoller als jeder Goldschatz", antwortete ihr Großvater stolz.

Ein unvergesslicher Tag

Als sie schließlich den Leuchtturm verließen, fühlte sich Mia glücklich und erfüllt von all den Abenteuern des Tages. Sie hatten nicht nur einen Schatz gefunden, sondern auch viele spannende Geschichten entdeckt.

„Danke für diesen tollen Tag, Opa! Ich werde nie vergessen, was wir erlebt haben!", sagte Mia strahlend.

Und so gingen sie Hand in Hand zurück zum Auto – bereit für viele weitere Abenteuer in der Zukunft!

Ende

Mia und der alte Leuchtturm

EPILOG: DIE MAGIE DER ABENTEUER

Die Sonne ging langsam unter und tauchte den Himmel in ein warmes Gold-Orange, während Mia und ihr Großvater auf dem Rückweg nach Hause waren. In ihren Herzen trugen sie die Erinnerungen an einen unvergesslichen Tag voller Geheimnisse und Entdeckungen.

Mia dachte an den alten Leuchtturm, die funkelnden Muscheln und das geheimnisvolle Tagebuch. „Opa", begann sie nachdenklich, „glaubst du, dass es noch viele andere Geheimnisse gibt, die darauf warten, entdeckt zu werden?"

Ihr Großvater lächelte weise. „Oh ja, meine Kleine. Die Welt ist voller Wunder und Geschichten. Manchmal muss man nur den Mut haben, danach zu suchen."

In der Zwischenzeit war Paul der Pinguin mit seinen Freunden Sammy und Hanni am Strand unterwegs. Sie hatten viele Abenteuer erlebt – von der Schatzsuche in den alten Höhlen bis hin zu aufregenden Erkundungen in ihrer eisigen Heimat. Paul wusste nun, dass Freundschaft und Mut die größten Schätze waren, die man finden konnte.

„Was machen wir als Nächstes?", fragte Hanni neugierig.

„Lasst uns die geheimnisvollen Höhlen erkunden!", schlug Sammy vor.

Paul nickte begeistert. „Ja! Und vielleicht finden wir dort noch mehr Abenteuer!"

So lebten Mia und Paul und all die anderen in ihren eigenen
Welten voller Neugierde und Entdeckergeist weiter. Sie lernten,
dass jeder Tag eine neue Gelegenheit bot, etwas Aufregendes zu
erleben – sei es im alten Leuchtturm oder in den Weiten des
Ozeans.

Und während sie ihre Geschichten erzählten und neue
Abenteuer planten, wussten sie eines ganz sicher: Die Magie des
Entdeckens würde sie immer begleiten, egal wohin ihre Reisen
sie führten.

Ende

Und wenn sie nicht gestorben sind, dann leben sie irgendwo weiter. Vielleicht im hier und jetzt oder im dort und da.